绿梳子

我的青少年时代

李长慧 著

中国青年出版社
CHINA YOUTH PRESS
中青文传媒

图书在版编目（CIP）数据

绿梳子·我的青少年时代 / 李长慧著.
—北京：中国青年出版社，2019.8
ISBN 978-7-5153-5686-0
Ⅰ.①绿… Ⅱ.①李… Ⅲ.①李长慧—自传 Ⅳ.①K826.2
中国版本图书馆CIP数据核字（2019）第140268号

绿梳子·我的青少年时代

作　　者：李长慧
责任编辑：周　红
美术编辑：靳　然
出　　版：中国青年出版社
发　　行：北京中青文文化传媒有限公司
电　　话：010-65511270/65516873
公司网址：www.cyb.com.cn
购书网址：zqwts.tmall.com
印　　刷：河北华商印刷有限公司
版　　次：2019年8月第1版
印　　次：2020年4月第2次印刷
开　　本：787×1092　1/16
字　　数：183千字
印　　张：18
书　　号：ISBN 978-7-5153-5686-0
定　　价：68.00元

本书作者李长慧（左立小女孩，时年13岁）与其父李宝常（中间坐白衣长者）和张大千（后排中站者）、张善子（右前）、童月江（中右坐深色衣长者）等，1932年夏于苏州网师园合影

2019年夏，年届百岁的李长慧，再见87年前的珍贵照片

李长慧，摄于1965年，46岁

四贝：你好。

妈快走到人生尽头，一件喜事从天而降，妈的自传能装印成册，并且内容是这样丰富多彩，你编排得很好，一些照片放在适当部位，有你老爷的诗文书法，有舅舅书房，还有最精彩你的作品纵论，妈看后有些惭愧，有些不是谈话的文章，妈仅是一个医生，敢写一些生活经历好事。

记得八年前，妈看见绵家文摘上刊登的广告，交2000元可以印自传，妈随后就想提起一下笔了，还写了些。妈那时想写自传都是为了你们的事，当你来到对妈说：你的经历很丰富也很坎坷，妈反复回想你这两句话，觉得是这样。从此鼓起妈写自传信心和勇气，你又给妈买来本本自传畅销书，看了十几，我就鼓起勇气，你又给妈写了提纲怎样分章节。妈开始写了一篇"我的医生"，打印给你看，你鼓励妈说写得好。这样就写了这么多。妈觉得脑力视力都衰退，不能继续写下去，想不到你能将这些印成册，现在送给一些朋友，都纷纷要看索取，这是妈有生以来最愉快的件事，谢谢你

妈

2018.9.8晨

《绿梳子》缘起

（写给孩子的信）

四贝：你好。

妈快走到人生尽头，一件喜事从天而降，妈的自传能装印成册，并且内容是这样丰富多彩，你编排得很好，一些照片放在适当部位，有你姥爷的诗文书法，有曼华的《书房》，还有最精彩的你的作品《母亲》。妈看后有些惭愧，有些不是夸耀的母亲，妈仅是一个医生，做了一些应该做的事。

记得一年前，妈看见《作家文摘》上刊登的广告，交2000元可以印自传，妈随便对你提起这件事，妈那时想写自传都是文人作家的事。你立刻对妈说：你的经历很丰富，也很坎坷。妈反复回想你这两句话，觉得是这样。从此鼓起妈写自传的信心和勇气。你又给妈买来四本自传畅销书，看了一些，得到启发。你又给妈写了提纲怎样分章节。妈开始写了一篇“我的出生”，打印给你看，你鼓励妈说写得好，这样就写了这么多。妈觉得脑力视力都衰退，不能继续写下去，想不到你能将这些印成册，现在送给一些朋友，都纷纷争着索取，这是妈有生以来最愉快的一件事。谢谢你

妈妈

2012.9.8，晨

目录

一　生与死挣扎的出生

我出生那一天，正是1920年八月十五中秋节。后来母亲经常含着眼泪告诉我，出生那天所经历的那段血泪史。

那个中秋节晚上，皓月当空，家家户户团聚尝月饼，啖紫菱，欢庆佳节。我们全家欢聚在豪华、典雅、宽敞的客厅里，欢声笑语，好不热闹。上有七十多岁的老祖母，有十分威严的爸爸，有专横跋扈的大夫人，还有两个姨太太，还有女儿、外孙女，有说有笑，全家上下都沉浸在节日的气氛里。

可就在这所豪宅旁的一个小屋子里，正躺着一位年仅十七岁的产妇，她伴着孤灯，忍受着阵阵腹痛，婴儿要出生了，是臀部先露，很难生下来。她实在忍受不了难产的痛苦，就挪着艰难的步子，摸到房外井边，准备投井自杀，想母女同归于尽。幸亏接生婆发现了，跑过来死命抱住她，大喊救命。可是连喊几声，也没有人影。此时

我的家乡荆州，中国历史文化名城

她听到大老婆大声骂：贱人想死就死吧，还不如一条狗！后来才听说，当时爸爸几次要看妈妈，都被大老婆强拉住，还说：这种人命贱死不了，你老别操心啦。妈妈听见又气又恨，拼命挣脱接生婆，又要去投井。就在挣扎之中，孩子出生了。妈妈大出血，流得满地鲜红，她自己也昏迷过去。接生婆手忙脚乱，顾了大人顾不了孩子，婴儿落在地上，因缺氧窒息，像死了一样。这时大妈走进来，一手提起婴儿，看了看说：一个死丫头，快丢到外面去！这个婴儿就被扔到了房外的竹林里。

这时候，我妈苏醒了，她问：孩子呢？产婆说：大太太让丢到外面竹林里去啦。我妈求产婆说："就是死的，我也得抱抱、亲亲啊。"这样，我回到了母亲怀抱。妈妈抱着我，在母亲的怀抱中，我终于苏醒了，"哇"的一声哭了出来。我就这样经过生死关，又回到了人间。

此时，大妈又来到房里，以不容商量的口气对我母亲说："你的奶不要喂这个丫头，她就喝米粉粥，我的身体不好，你每天挤出的奶给我喝。"从此，母亲拖着因产后大出血而虚弱的身体，每天含着泪给我磨米粉喝。

后来母亲常对我讲，说我小时候身体虚弱，常生病，发烧，两岁时开始走路，三岁才会说话。记忆中教我数指头，伸开手指，也不会数，母亲看见既心痛又无奈。慢慢地在母亲耐心启发教育下，我变得聪明些了，也开始认字。

二　老祖宗的故事和老祖母

记得自己小时候，经常被大家族孩子欺负追打，我就往老祖母身边跑，他们就不敢追打我啦。每次祖母都扔下手中绣花针，抱着我说："不怕，在我这里，他们不敢打你。"那时祖母有七十多岁，慈眉善目，一头银发，身穿一身绣着花边的衣服，一双三寸金莲，看上去是一位气质高雅、和蔼可亲的老人。我经常央求祖母给我讲老祖宗的故事。

我听妈妈讲，满人是大脚，汉人缠足是小脚，我很奇怪，总听说老祖宗是满人，怎么变为汉人了？因为汉人才是小脚啊。此时祖母叹了口气，说来话长，都是老祖宗造的孽呀。

祖母说：咱家原来的确是满族，祖太爷还是清朝大官，可以有机会出入皇宫。他很有才华，精通书画。但他虚荣心太强，很羡慕皇宫的荣华富贵，妃嫔妻妾成群，于是他把皇宫建筑绘制成图带回家，大兴土木，不惜重金建筑成宫殿样式，雕龙画柱，金碧辉煌。他还娶有十五个妻妾，除原配妻子外，都是从百姓家一个个挑选来的。只要他看中哪家闺女漂亮，就要仆人用重金买来。他已经五十岁了，还娶十五岁女孩子做妾。他在家里寻欢作乐，专请人教这些女孩子歌舞，高兴时还叫上陪他喝酒。

我不解地问：她们为何不跑回家呢？老祖母叹了一口气说：哪里敢呢，大门有守卫，不能随便出入，规矩可严了。记得一个小女孩挺可怜的，因她迈门槛时，将裙子提的高了一点，露出大腿，被老太爷看见，马上怒气冲冲打了她一巴掌，还说“小贱人惜衣不惜体”，这个女孩跪着认错也不行，还是被赶出家门，流浪街头，乞讨为生。哎，那时女孩子命运就是这样可怜。

祖母叹了口气说，不讲了，我摇着祖母胳膊说：老佛爷求您讲下去，我们怎么变成汉人还没讲呢。这样祖母又继续讲：老太爷所作所为被人发现，密报给皇上，这时老太爷才如梦方醒，想到害怕，自己家的这些事被皇上知道了，那可是杀全家灭九族的大祸，于是马上采取措施，连夜拆除房子，种上庄稼。但最终还是遭到满门抄斩，当时他一气躺在地上，再也没起来。

你爷爷那时只有六七岁，在官兵抄杀时，他偷偷从侧门跑到邻居家，一位善良的中年妇女替他脱下身上的华丽衣服，叫他上床装病，并嘱咐说：“叫我妈，说头痛。”官兵搜查时问：有个孩子跑到你家了吗？那位中年妇女说：“没有，你看那是我的孩子，正在生病躺在床上。”这时，爷爷不停地喊：“妈，我头痛。”官兵于是信以为真。你爷爷躲过这一劫难，成了那家养子，改姓李，成为汉人，以后娶汉人为妻。

我爷爷去世后，祖母靠绣花养活一家三口人。她经常教育两个儿子好好读书，同时，她对教他们两个的老师也很尊敬，自己省吃俭用，经常给老师买礼物送去。那时他们生活非常困难，我父亲经常讲到那时候的苦日子。有一次，父亲给人家送绣活，不小心把拿到的钱在路上弄丢了，祖母在家等钱买米下锅，最后一家人只得煮一锅野菜充饥。由于家境贫寒，我父亲兄弟二人都非常勤奋刻苦，长大后均学有所成，终未辜负老祖母的精心培养。

我的祖母是一位慈祥仁爱，让人敬重的老人。她一头银丝样的白发，梳得很整齐，一身蓝布衣服绣着花边。祖母性情慈善温和，对子孙们十分慈爱和关心，对仆人十分宽容。虽然她年岁已高，但

祖父李芙塘书画作品

生活自理、从不愿麻烦别人，就是佣人，她也尽量不使唤，总是自己做。她不抽烟，不喝酒，无不良嗜好。

我祖母年轻守寡，她能绣得一手好花，靠绣花卖钱养家，并严格教育两个儿子正正当当做人，勤奋学习。我伯父是画家，我父亲是书法家，全归功于老祖母苦心教育和培养。

我妈到我家后，很得祖母爱抚，我妈有伤心的事都向祖母倾诉，祖母总是教育她开导她，使她的心情得到平静和安慰。我妈经常给祖母做可口的饭菜，祖母爱吃红烧肉，我妈上街首先想到的是要给祖母选好肥瘦肉，再加上好调料，所以祖母特别爱吃我妈做的肉，常常念叨她心地善良。

我祖母很不喜欢我大妈，却从不对儿孙们说大妈不好，祖母很有宽厚待别人、严格要求自己的品德。虽然因此我大妈横行霸道，但她们还是能够和平共处，从未发生争吵。

三　我的父亲

我的父亲李宝常是前清秀才，做过官，爱读书，才华横溢，诗词曲赋，样样精通。他擅长书法，是荆州、沙市一带有名的书法家。

荆州，就是《三国演义》中写到刘备向孙权“借”的那座城，而沙市则是它的外港市镇。我的父亲也爱好古董收藏，是地方上有名的文物鉴赏家。那时节，周边乡村的许多农户在耕田犁地、开塘挖藕时，一不留神就会发现某些古物，如陶器、青铜器等。后来才知道，周边有好几处地方都是古代楚国的墓葬群，民间出土的文物非常多，常年都有文物贩子在那一带转悠，挨门逐户地打听、收购。另外，沙市的商贸业十分繁华，外地来这里开店铺的座商特别多，好多商家为了炫富斗宝，也会用摆设古董来“撑门面”。许多人的文物都要请我父亲鉴定才辨真伪，所以他平时还非常忙。他还爱旅游，游历祖国的名山大川，他曾经留学日本，记得他中年时代写有

我的父亲李宝常（1870–1949）

《东瀛三岛归来》等游记。

我们家早年间住在荆州，荆州地区满人很多，我家在那里修建一所很大的宅院，不像现在的高楼，而是老式的平房，前后共有五栋，叫五进。大门内有四间住房，比较简单，第二进也有四间住房和一个客厅，第三进是比较豪华的住宅，后面有个大花园，进去有一个很高大宽敞的大客厅，门窗都是雕龙画柱，大厅正面是一个天井，有个大金鱼缸，摆满盆景，天井两旁是书房和古董房。大花园后还有两栋相连的住房。我们家的大院子住房共有二十间，大小客厅四个。这些宅院都是我父亲精心设计的，他很有审美意境，我记得桌椅都是各种各样树根雕的，漆得很光亮，形态各异的架子摆上名贵的古董。父亲还设计了一个别具风格的养鱼池，那是将摆古玩屋里的墙上打开一个约二尺高四尺长的长方形的洞，正面装上玻璃，墙外用水泥砌成一个大的池子，里面放上绿色水草和红色金鱼。从屋里看大鱼缸在阳光照耀下显得特别美，真是活的画卷。

那时一般住家都是旧式的木格窗，糊着窗户纸，但我家屋子里窗户都装的是玻璃和纱窗门，都用碰锁，玻璃还是磨砂的，上面绘有一幅幅的画，记得有西湖八景，像三潭印月、断桥残雪等。所以我家宅院既古香古色，又有现代化采光照明、空气流通的功能。还听说家里书房和古董室的墙壁用的都是擦脸的白粉和胶漆，在那年代是相当华丽和讲究的。

我家的花园也是父亲精心布置的。两座假山从山上抬来，进家时因假山高大，要拆除门墙才能通过。假山造型别致，大的一座高约一丈五尺。园中松柏树也都是从外地运来的，还有一片很茂盛的竹林。花园里有各种花卉，腊梅盛开的时候特别香，尤其在下雪的时候，香气四溢。每当菊花盛开的时候，父亲就邀请一些沙市文人到花园赏菊，吟诗作赋。我爸有时夜间为了看昙花一现，等着不睡觉，真是诗人雅兴！父亲广交朋友，真可谓谈笑有鸿儒，往来无白丁。

父亲非常喜爱鲜花，记得每逢节日我家客房书房都摆满了盆景。冬天的红梅，它在寒意中怒放，阵阵香气袭人，给我留下美好回忆。

民国早年，我的父亲把家迁到了沙市，在最为繁华的九十埠东端，买了一幢官宦人家出手的高门大宅。九十埠，俗称“九十铺”；因此街建在沙市唐宋时期垒筑的古长堤上，而这里靠近江岸，江边多设方便泊船上下货的河埠头而得名。

九十埠是那时沙市的中心商业街，常年人来人往，非常繁华。一条街长长的，上百家店铺鳞次栉比，设有药店、斋货铺（即糕饼店）、旅社、货栈、酒店、百货店、服装店、日杂店、伞铺、丝烟铺、理发铺、铜匠铺、雨靴铺、酱园、槽房（即酿酒铺或熬糖店）等，一应俱全，一家家生意红火，热闹非凡。那一条青石板铺设的长街，被人们的鞋底板磨得光滑锃亮，隔三五年就得请石工来錾凿一遍，以防路人滑跌。父亲以鬻画（卖字）为生，收入颇丰。比如，某家店铺开张，需要写招牌。那时候没有放大设备，三尺见方的字要一挥而就，近看笔力遒劲，远望间架平稳，一般书家不敢问津，可父亲的字却是远近扬名，人见人夸，连周边湘、鄂两省十数个县镇，如澧县、华容、南县、津市、宜都、江口、河溶、当阳、荆门、潜江、监利、石首、公安等地的著名大商店、大字号，老板都会亲自登门求书，三个大字就是十块大洋。乡绅富户家里娶媳妇、嫁女儿，小孩子“抓周”（即过周岁），写一副喜联则是三四十元。老人过生日，儿女们为表孝敬心意，把对老人一生的评价和赞美写在寿屏或者是寿幛上，这样一般一百到二百元。因为文化造诣和社会名望，父亲的字很值钱。但他通常是对有钱人收费不菲，而对清贫人家，若有所求往往一分不要。

在娶我母亲之前，父亲有一妻两妾，均未生男，到成年的共有四个女儿。原配夫人生了三个女儿，第一个姨太太生了一个女儿，这几个女儿先后都出嫁了。我父亲快到五十岁时，有一天到一个朋友家串门，看到一个小女孩为她递烟倒茶，很懂礼貌。我爸眼睛一

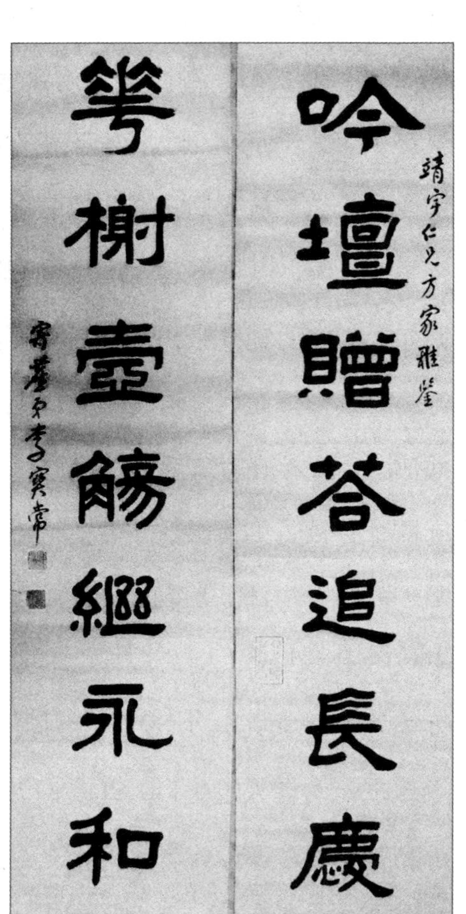

父亲李宝常书法

亮，这女孩怎么这么可爱，白白的圆脸上，一双明亮的大眼睛。我爸问那个朋友，这是令嫒么？朋友说："不是，她是我十多年前从一个人贩子手中买来的，这孩子很懂事，心地善良，也很勤快，今年已十六岁了，也到谈婚论嫁的时候了。"因为在那个时代，女孩子十五六岁就得找婆家，不然大了就嫁不出去了。我爸看见这女孩后便动了心，对朋友说，"我现在岁数一天比一天老了，只有四个女孩，膝下无子，想再娶一个小妾，你舍得吗？"那朋友未加考虑，马上回答说："您老是当今荆沙名人，她有幸被您看上，这是她的福气，等哪天是个好日子，我就将她送到您家。"这样，我爸送去三百两银子，我妈就成了我爸第三个姨太。

我爸习惯夜间看书，吟诗作赋，经常熬到午夜一两点钟才睡觉，直到第二天下午一两点才起来。由于他生活很不规律，一般佣人都难侍候，大妈就吩咐要我妈专门侍候我爸。她这样既是为讨好我爸，同时也让我妈更加劳累。她知道，我爸喜欢我妈，妈妈每天照顾爸爸到深夜，第二天早上还要照常起来干活，侍候大妈，为她铺床叠被梳头，洗水烟袋，泡茶捶背按摩等等，活计很多。所幸我家老祖母那时虽然已经八十来岁，但她的生活起居，从不要佣人做，自己收拾得干干净净，真是一个活菩萨老寿星。

记得家里有几张照片摆在卧室，是我父亲和一个美丽女人的合照，我就问那人是谁，我妈说：是你爸的诗友。我又问，她在哪里呢？妈妈说你爸爱旅游，常常到苏州，是去会这个漂亮的女诗友，你爸说她的诗做得不错，就是平仄有时用不好，就给她修改，她很用心听。你爸称赞她真是漂亮迷人。有一次父亲是夏天去的，这位女子穿一件白绸的连衣裙，头上戴一朵鲜花，坐在花园的石板上，我爸一看真像仙女下凡，迷人极了。可是父亲与她就是诗友，不敢有其他想法，因为她是妓女，怕传染性病。她是苏州名妓，她很感谢我爸，曾拿出一盘金玉戒指和手镯等，要我爸挑几件送我妈，爸爸觉得面不可却，就挑了一枚钻石戒指。妈妈说到这里一抬手说，你看妈手上戴的就是她送的。

我爸虽然才华横溢，满腹经纶，但除了在四川成都一带做过府一级的地方官，民国之后，即怀才不遇，脱离官场，息影林泉，始终以卖字为生。他终其一生，最倾慕的人就是屈原。在离我们家不远的地方，有处古迹叫江渎宫，相传是当年屈原写《天问》的故居；南宋时就建成为这样一种格局，里面供的神主牌位就叫“三闾大夫”。我常听他高吟屈原的名句：

世溷浊而不清，蝉翼为重，千钧为轻；黄钟毁弃，瓦釜雷鸣；谗人高张，贤士无名。

因之，后来他在主持规划兴建沙市中山公园时，特地设置了一个景点叫屈原居。它前临古便河，背靠沙市土城，本是一座祠庙旧址，后由父亲主持设计改建，于1934年秋落成，借此纪念楚国三闾大夫屈原。

父亲生于1870年2月26日，卒于1949年7月14日，享年八十岁。

附

铭记永生的书房

刘曼华

看到书房，使我陡然震撼，触动了我心灵深处的一角，那是铭刻在心底的书房。是一个老书法家毕生心血凝结的艺术仙境，留着我儿时的梦。时至今日，我不曾见过比它更古朴雅致的书房。

儿时，我常随父亲去他知交李伯伯的家。父亲带我去时，总叫我背诵一首唐诗或吟咏他的新作。五岁的我不能理解诗的内容，但口齿伶俐、清晰，李伯伯一听就能领略诗的意境而拍手称好。为此，他还常常赏我一点小礼物，有一次给我一颗象牙图章。经过几十年颠沛流离的生活与摧毁文化的“文化大革命”，我仍然珍藏着，我欣赏它的坚实、洁白，正是李伯伯的风骨。

一进他家大门是一个天井，耸立在中央的是一只大水缸，它满身青苔覆盖，像套上绿色靓装，缸上有一座玲珑奇妙的楼台亭阁盆景，缸内有金鱼在遨游。地上是我最爱的茸茸暗绿青苔，踏上去，其滑无比，对于孩子，没有摔倒的滑，真是特别有趣。

推开落地雕花格子门，迎面是高达屋顶的书架，一行行、一排排胜似图书馆。线装书一叠叠是用蓝布做的硬壳子包着的，除四书五经外，古典诗词小说应有尽有。为了防虫蛀，每年都要翻晒清理，这也是主人的一大乐趣。发黄的线装书卷，散发着冷香的书卷气，那气氛让人肃然起敬。

此外，还有几个别致的红木古玩架，上面摆满了青铜、陶瓷、象牙、玉石、雕塑等各种古玩。大至色彩艳丽的瓷瓶，小到寸余的碧玉其身、红玛瑙为帽的鼻烟瓶，每件古玩恰如其分地摆在多姿多彩的架子上，点缀其间，亮丽醒目。房中央是一张大书案，堆满了宣纸、画卷，地上立着一个大蓝花瓷缸，插满了卷卷字画。案上汤碗大的墨缸、典雅的古砚、幽香的陈墨以及盘龙凸显、毛笔林立的笔筒，更有令人看不尽、忘不了的怪异与惊喜。

李伯伯衣着简朴，一袭长衫，常常站立案前挥毫，得意时，他那一双英武的剑眉挑起，炯炯双目与童颜鹤发，神采逼人，托出一派儒雅风貌。他是名冠荆沙的书法家，靠代人写字画、招牌为生。沙市为长江中游的重要城市，文化深厚，商业繁荣，当年，他门庭若市，仰慕者常重金求字。他向巨贾豪富索费甚巨，一个店招没几个字则要上百现洋，而对贫民百姓，偶有所求，常有分文不取而挥毫之义举。但他晚年穷途潦倒，时值兵荒马乱之际，既少店招，更

李宝常题署《佛教讲演录》

无收藏，甚至他写的一箱用丝线缠封的精致中堂、对联，也如废纸一般不值几文。

1918年，年轻的张大千由内江到上海，暂寓荆沙，结识了李伯伯，仰慕他的书法，曾拜其门下习字。张大千后成为名画家，尚曾与之多有联系。可惜李伯伯沉寂荆沙，蹉跎壮志，虽精于书道，却默默无闻。他愤世嫉俗，才情横溢，“抱洁生污世，含愁孰忍言”，他的诗惋叹世事空漠，充满悲凉之气。他别号为“寄尘”，即寄寓于尘寰。他崇拜屈原，诗云：

芳园夜静灯悬树，萧寺钟鸣月满厨。
唯有离骚千古在，不随兰芷弄荒芜。

据乡亲云，在乱离年代，他苍老憔悴，不堪身心压力，效法屈原“众人皆醉，唯我独醒”，又不忍污染宽厚奔腾的长江，便踉踉跄跄拐行到一条便河边，经过心灵裂帛般号啕，投入河水。秋风萧瑟，逝水长歌，一代名士未寄寓于黄尘，而归之于流水，闻者无不为之唏嘘。

前些年，荆沙报刊编写“荆楚风流”，推崇荆楚名士李宝常，人们怀念、追忆这位著名书法家。

忆及书房，不禁怀念书房主人李老伯。几十年漫长的岁月，恍如浮云梦幻。经历了那么多风波，才感到海阔天空、随心所欲的生活，该是何等可贵的生活，值得珍惜，而对李伯伯的坎坷一生更增悲恸。

四　大妈和姨太

父亲原配夫人张氏，是父母之命媒妁之言订亲结婚的。她不识字，小脚，皮肤黑，很瘦，一双大眼睛，性情刁蛮，使人有些畏惧。她生下三个女儿，都出嫁了，外甥都比我大几岁。除了她的大女儿远嫁外地，二、三女儿常回娘家。她经常闹的整个家里都不安宁。

我父亲对她是无可奈何，不敢说，不敢管，惹不起。如果谁说她有不对，她会大哭大闹，拍桌子，摔家具，闹得天翻地覆。我爸爱面子，怕邻居听见，有损声誉，只有说好话才能平息她的吵闹。

所以在我们家庭里大太太是无上至尊，谁都不敢惹。她才五十多岁，日常生活从不自己动手，都等着别人侍候。为她打的洗脸水，凉一点热一点都不行，温度要合她的心意。刷牙打好漱口水，还要将牙膏挤好。头要别人梳，重一点就骂，头发梳下几根，也得生气。小脚要别人修理，裹脚条子更臭不可闻，还要别人洗。

她还抽水烟，那种水烟袋必须天天刷洗干净。过去的那种水烟袋，现在看起来还是比较卫生和科学的，水烟袋像茶壶一样，它有两个口子，一个装烟丝，另一个下面有吸水袋，这样烟必须通过水才能吸入口中，经过水的过滤之后可减少烟的毒害。

家里的几个佣人，都怕大太太，稍不注意，她就会骂人家“蠢货”。

我妈到我家后，侍候太太的工作就落到我妈身上，她更加变本加厉地刁难和折磨我妈。

伯父李宝镛作品

父亲的大姨太约四十来岁，相貌平平，不爱修饰，不善言语。据说她从小丧母，她爸娶后母又生了一个弟弟，对她更加嫌弃，因此常常哭泣，闷闷不乐，长到二十二三岁，还未找到婆家。我父亲盼子心切，一心想娶妾生子，这样经人说合，以一千两银子的重金将她买到我家。她生了一个女孩，四五岁时患病死了，从此她的精神更加郁闷，更不爱说话，喜欢抽水烟。我母亲看她总是郁郁寡欢，上街时便经常约她一齐去，让她开开心。她爱抽烟，就给她买一些较好烟丝，还给她买些爱吃的糕点。她很感谢我妈，说我妈心好。她知道妈有钱，因为妈夜间侍候爸，很得爸的宠爱，爸时常会多给些钱，而爸规定给她们每月每人二十大洋作为零花钱。

我父亲的二姨太约三十多岁，人长得不漂亮，但特别爱打扮，脸搽得很白，像泥人一样，再涂上红胭脂，真像台上的京剧演员，她还爱看戏打麻将。这样一来，那二十元不够花，就经常找我妈借钱，可是从来也未还过。我妈也不计较，还是有求必应，不过有时少给她几块，如她要五元，妈就给三元。她常同一些社会上的无业人员在一起吃喝玩乐，最后这位二姨太竟然失踪了，可能是跟人跑了，家里也未找她。

五 我的姐姐

在我之前，父亲有过八个女儿。大妈生了三个女儿，大姐李长芳、二姐李长源、三姐李长芝，两个姨太生的五个女儿在我出世时就已夭折。我妈去世后父亲又娶洪氏，生两个女儿李长芬和李长珍。

二姐是大妈二女儿，我记事时她约四十岁，小脚，不识字，皮肤黑，很瘦，个子高，抽大烟，性情和她妈一样，爱嫉妒人。她经常叫她子女来我家打我，那时我比她的孩子小两岁。有一次我妈很客气地对她说，请她的孩子不要无缘无故打我。她听后，大发脾气，将我妈推倒在地，拳打脚踢，打得我妈口鼻出血昏死过去。我在妈的身旁叫妈，叫妈妈你醒醒，妈才苏醒过来。我们娘俩真无奈，除掉悲伤哭泣外，别无办法。

二姐嫁给一个开钱庄的丈夫，由于她不孝敬公婆，家庭吵闹不断，她的丈夫常来家要求大妈教育她女儿。可大妈哪里听进这样的话，马上大发脾气，骂她的女婿“不是人”。她女婿还嘴说，你的女儿，心狠手毒，长得又丑又高，三斤水粉擦不白，什么锯子也锯不矮。大妈气得昏死过去，家里人连佣人也不理她，大家像看热闹一样，心里都出了一大口气。

不久，二姐的丈夫得急病死了，她成了寡妇，被公婆赶出家门，最后只得低声下气地在娘家要口饭吃。

三姐也是大妈的女儿，三十多岁，不识字，解放脚（比三寸金莲大得多），皮肤白，看上去还很漂亮。她嫁给一个财主的儿子，大学毕业，学英文的，在汉口洋行当翻译。那时我记得，有人问我三姐，你丈夫做什么工作，我三姐总记不住，有时说当“译翻”，人家不懂，便大笑。她丈夫经常给她写信，她总找我妈讲给她听，回信也是我妈妈代笔。三姐脾气坏，在家里与公婆关系不好，她总想给丈夫说说心里话诉苦，但自己不会写，这些又不好告诉别人写。我妈常借此事，教育我要好好用功读书，一个女人不识字，一辈子只得靠男人养活，还被人看不起，看你三姐活得多难。

三姐夫对她的无知和出口粗俗常常不满。有一次我在她家，她有个女儿，大概六七岁，要睡觉了，我三姐说，去挺吧。我不懂什么意思，姐夫解释说就是挺尸，你看多骇人的口语，姐夫无可奈何地说，你三姐就这样粗鲁，真不像书香门弟人家的小姐。我听后，真有些脸红。

我爸对女孩子从不教书识字，而是放任自流，家中的女人没有一个识字的。就是我妈能看书写字，我是家里唯一的大学生。

六　伯父李宝镛

父亲出生于书香门第。我的祖父李树蕃，字芙塘，是一位书画皆通、文化修养深厚、为时人所重的知名书画家。他擅长绘画书法、诗词文赋。行家认为其书法四体皆精，尤其以草书成就最高。草书初学张旭、怀素，后得山谷、枝山、道复之精髓。取诸家之长，熔于一炉，自成风格。其草书以侧险取势，纵横奇绝，潇洒自如，奔放豪气。其绘画以写意花鸟木石为主，兼画山水人物。所画花鸟木石其笔意在白阳、青藤之间，以取高雅孤清之境。尤其善画奇形怪石，苍老浑古，墨气淋漓，其形悠然立于纸外，形神兼备，生动自然。荆州艺术博物馆收藏的李树蕃《石头牡丹图》，认为是其绘画艺术成熟时期具有较高水平的代表作之一。其上押角印文“意居笔先，神游天半，超似象外，得其实中”，集中体现了他的艺术追求与书画境界。祖父一生清贫，辛勤创作，笔耕不辍，多有书画作品传世。他还以画螃蟹最为著名，世人称“李螃蟹”以喻其才。祖母亦能丹青，以刺绣出肆，以补家用。由于家庭环境熏陶，耳濡目染，其子李宝镛和李宝常兄弟俩从小就读书写字习画，后来宝镛专工画艺，宝常专工书道。

祖父李芙塘书画作品

我的伯父李宝镛（1860—1933），《荆州志》云：李宝镛字笙舫，号友松居士，斋室曰啸篁轩，名画家李芙塘之长子，幼受庭训，及成年，仍孜孜不倦于山水、人物、花卉、翎毛，所画无不工，集诸家之长，熔工笔与写意于一炉，自创一格，用笔泼辣，形神兼备，至晚年造诣更深。行家评论：不亚于青藤、石田。作品流传鄂、豫、湘、桂、川、黔数省，所绘松树独创乱针法，别具一格，尤以《松鼠偷葡萄》一画最为著名，为美术研究部门所收藏，并擅长指画。他一生贫素，无地产积蓄，赋性耿介，不趋炎附势，以“闲来写悟青山卖，不使人间作孽钱”自勉自慰，深受里人敬崇。今观其作品，书法落墨清丽、洒脱。

我的伯父作为画家，以卖画为生，他膝下无子女，老两口就住在我家大花园外面的一幢房子，有四间居室。他的画室在右边，窗外就是竹林和花卉，他休息时常坐在石台上看竹看花。

我伯母很厉害，她自己不能生养，但不让伯父娶妾，因此老两口很孤独。虽然他们的收入还不错，但过日子非常节省。我小时候常看伯父在太阳光下点煤纸，因他抽水烟，要用火柴点煤纸。他为了节省一根火柴，就借太阳光，用一块放大镜对着聚焦点，慢慢点燃煤纸。所以一直到现在，每当我划火柴和点燃煤气的时候，常常会想起老年的伯父节俭度日的情景。

伯父李宝镛作品

伯父也很爱花，特别爱菊花，有多种名贵品种都是由他亲自培育的。因此，在菊花盛开的季节，我爸常请诗友们在花园赏菊，我妈也忙着给他们煮又大又肥的螃蟹，蘸着调料，更增加了螃蟹的鲜香。

我的伯父母在七十多岁时双双故去，身后无子嗣，显得很凄凉。

七　荆楚名士

满目琳琅留浊世，一生洁白付清流。

此联为朱畅九先生为我父亲李宝常辞世所作挽联。父亲以其书法造诣和文化学养，被称为“荆楚名士”。

家父李宝常，自幼习诗文书画，年青时考中秀才，并以优异成绩成为第一批官费去日留学生。回国后“初入张之洞幕府，后以知府官蜀”。辛亥革命后回归江陵，息影家园，不问世事，其在《鬻书润格》所述：“夫博览百家，耕驭数十年，于古法稍有所获，愧为公员，鬻书为生，本壮夫之末路，自食其力，亦志士之苦心，识者谅之。”

父亲一生喜爱金石书画，精于考证，广泛收集历代碑刻及秦汉玺印、瓦当、封泥。对诗词文章、书法绘画都有较高的造诣。时人

父亲李宝常书法作品

评论其绘画以写意花鸟最精，风格在继承其父李芙塘家学的基础上，兼学徐青藤、八大山人、任伯年等人。他以篆书、草书的笔法入画，笔墨浑厚苍劲，豪放雄健，形成了自己的独特风格。他的书法，早年学习颜真卿、欧阳询及唐宋诸大家；中年以后，在广泛临摹汉碑唐刻及历代法帖的基础上，又借鉴周秦金石、刻版的笔意体势，形成了他自己雄浑古拙的书风。尤其是篆书、隶书，取得了较为突出的成就。其篆书虽植根于秦汉碑刻，但却学法不学形，从而创造出有别于古人而具有自己鲜明个性的新体势。其隶书亦是在继承历代刻石的基础上加以创新，形成了自己独具风格的书体。其书用笔苍劲老到，刚中有柔，古朴庄重，笔画奇崛，浑厚豪迈，具有浓厚古拙的金石韵味。李宝常的书法艺术对荆沙地区的书画家有较深的影响，是清末民初荆沙地区不可多得的具有较高成就的书画家。

父亲的书法才华是多方面的，六体皆工，书法风格有清代印记。其真书融篆隶魏碑笔法，独自成蹊，斩筋截铁，严谨端庄。于行草通畅流利，姿媚横生。所写小篆为李氏正宗笔法，受邓石如影响极深，结体参以杨沂孙，秀劲，典雅，流畅。同时也书大篆、钟鼎、甲骨文，笔力雄强、古拙。隶书追学多家，渊源甚远，其中以摩岩字体成就最高，章法、气韵宽博宏大。他写字大能到丈尺开外，小能到蝇头小字。行书多用藏锋，深沉流畅，行笔稳健，不落凡俗。综观其真行篆隶，其最大特点是学古人“得其精，挥其宏，取其神”。对诗词他也很有研究，写了很多诗作，并有诗稿遗存。

我十二岁离家在外读书，与父亲即离多聚短；而随着抗战爆发从十八岁逃难渝蜀之后，仅是大学毕业时回乡看望过一次父亲。父女因缘和记忆稀少而更显珍贵。经过战乱迁徙和后来接连不断的运动，自己前半生的所有资料荡然无存。

还是孩子后来从网上发现，家乡有一位陈礼荣先生对我父亲非常有研究。更为幸运的是，他们还与陈先生取得了直接联系。陈礼荣先生为荆州日报社主任编辑，是研究荆州和沙市历史文化的著名专家，几十年来，他为研究我父亲花费了很多心血。不仅本书的两篇重要附文《李宝常与张大千的师友缘》与《凝聚李宝常心血的沙市中山公园》均出自他的手笔，而且他还为这本自传的写作和编辑提供了许多宝贵资料和重要帮助。经他成全，孩子还与我失联几十年的妹妹李长芬的家人重建联络。

乡贤陈礼荣先生古道热肠，诚挚周到，认真严谨，令我非常感动，真是不知道应该怎样表达我的感激之情。

陈礼荣先生曾写道：

可惜，由于李宝常身后萧条，生前所有文书、函件、信札、日记等文字性材料全都飘零散尽，所以在此后的若干年间，哪怕是穷搜苦索，所知依然十分有限。而李宝常已经“淡出”公众的视线有好多年了，只是当编写地方志时，人们才从几位耆旧宿老处，偶尔听到一句半句的评说。如今，这些老先生都早归道山，人们更是所知寥寥。现存于世对他最权威的介绍，也唯有1990年新版《江陵县志 · 文化科技人物》中那则既非十分确切又不相对完整的二三百字小传。《中国美术家人名大辞典》虽然也对李宝常有所介绍，但亦扑朔迷离，语焉不详。

李宝常篆刻作品

后来，有幸得缘看过一张李宝常生前所用过印章的纸拓片，才粗知了这位“荆楚名士”一星半点、只鳞片爪般的身世、学养，以及艺术造诣：

荆州绩丞[①]审定金石之宝（上图右）：是说在金石古董的鉴赏识别方面，李宝常具有极高的威信与声望，任何器物只要一经过他的法眼，真伪立判，令人心悦诚服；

李氏小篆：是说李宝常在小篆文字的书写上，能于圆中见方，方中寓圆，章法秀劲典雅，结体润而不燥，笔力古拙雄强；

绩丞古隶：是说李宝常在古隶文字的书写上，能气韵宏大，落笔惊风，师法多家，渊源甚远；

江陵李氏珍藏书画印：说李宝常在收藏书画方面卓然自成一家，他意趣高雅，学富五车，但凡过目书画，无不择其珍品妥为庋藏；

三岛归来（上图左）：是说李宝常年青时留学日本，是清朝末年最初迈出国门、放眼留洋看世界的我国早期留学生之一员……

前些年，西南师范大学书法系主任、博士生导师曹健教授在《晚清帖学研究》一书中还提到了李宝常。书中写道：现在，北京的国家博物馆还珍藏有一面《文焕碑》，原藏于苏州，十分珍稀。

陈礼荣先生回忆：那年沙市古章华寺重新翻修，发现大殿外一块碑刻为李宝常亲笔所书；可下半截尚埋在瓦砾中，我去找市佛学

① 绩丞，李宝常字绩丞。

国家博物馆藏文焕墓志铭

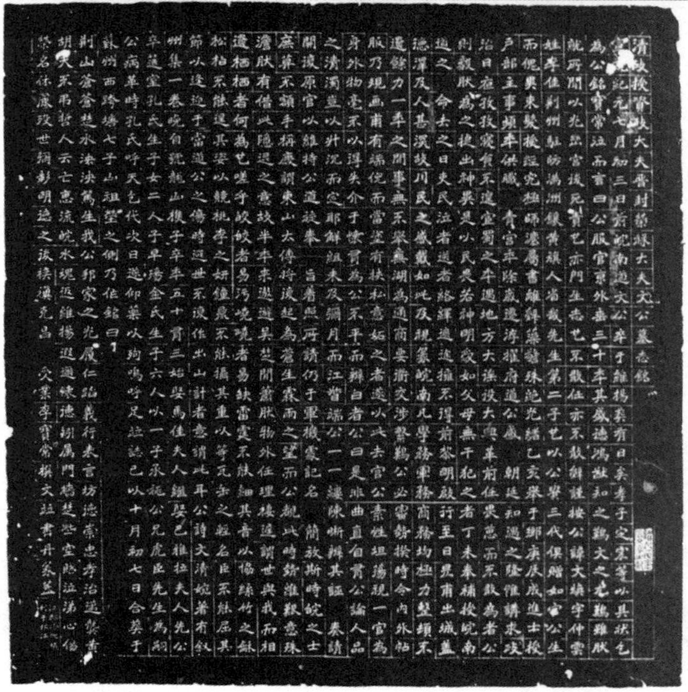

国家博物馆藏李宝常撰文并书之《文焕碑》

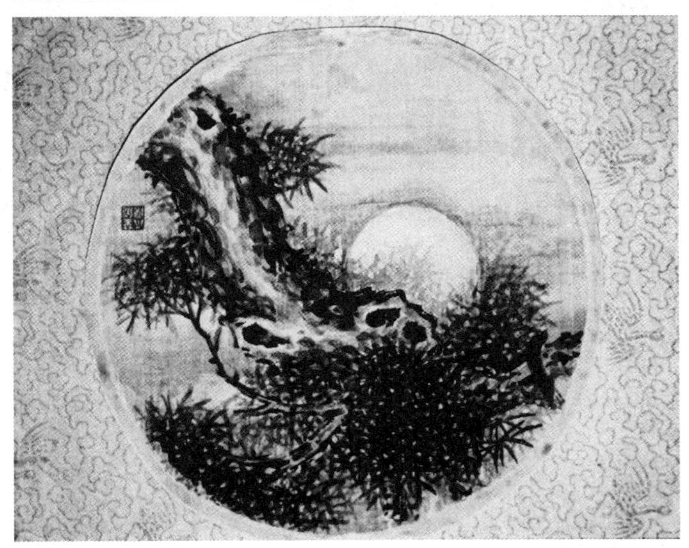

父亲李宝常与伯父李宝镛合作赠予著名古琴演奏家向笙阶先生的扇面

协会秘书长赵楚晖学长，让他转告主持心继法师，一定要妥善保存，最好如西安碑林那样用玻璃罩起来，以防风化。这碑终于刨出来，也有了一定的保护。后来，我告诉在沙市的李宝常外孙李雪君，他挺努力，也十分擅长此道，特地赶去做了个拓片，拓得十分好，能够映现出宝常公书作品的神韵。

陈先生还找到父亲李宝常与伯父李宝镛合作的两帧合一的扇面，是当年赠予沙市友人、我国近现代著名古琴演奏家向笙阶先生的。这位古琴演奏家在中华人民共和国成立后曾为人民政府整理出《平沙落雁》的“工尺谱”，于20世纪60年代去世。专家称赞他与父亲同为德艺双馨的地方文化耆宿。

父亲广结书画名流，以为翰墨之友。留日归来之时，他游历蜀皖吴沪等地。在江浙同李瑞清、曾熙等名流交往很深。他们之间年岁相仿，学书渊源同父亲相似，相互影响。武汉著名女书法家冯铸，受业于李瑞清和吴昌硕，而她也正是我父亲的入室弟子。

著名国画家张大千，十九岁随兄张善子出川，经过江陵时，因仰慕李宝常书法，遂登门造访，在我家习字数月。张大千而后投于曾熙、李瑞清门下，所以有人评价父亲与张大千的关系为“尽在不言中，至少是张大千的启蒙老师”。

张善子、张大千许多画作都有父亲的题诗。

附

李宝常与张大千的师友缘

陈礼荣

1994年，荆州发现张大千28岁时写的一副对联，是这位“东方艺术大师”早期罕见作品之一。笔者为此写了一篇新闻稿，新华社于当年6月12日发出专电。

作为现存于世的张大千重要墨宝，这幅书法作品乃是他于农历丁卯年（1927年）所书。对联内容为：

不成原似鹜，
有道叹犹龙。

其字雄奇古朴，遒劲简穆，其意隽永深邃，富于哲理，蕴含着

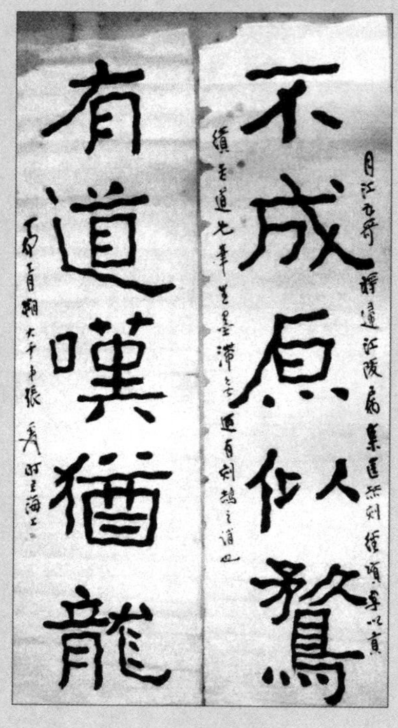

张大千书赠李宝常集字对联

张大千在艺术领域中砥砺情志、苦学精研的崇高追求，从而为研究、探讨这位在海内外久负盛名的艺术大师其青年时期在书法领域里从事艺术活动的审美意向，提供了有力的佐证。

这副对联的上款较长，分两行写在字幅两侧，内容为：

月江五哥将归江陵，属（嘱）集匡喆刻经颂字以贡绩老道兄；笔生墨滞，无乃有刻鹄之诮也。

其下款为：

丁卯三月朔大千弟张爰时至海上。

依此推论，张大千的这帧墨宝，乃是表明了当年在文坛书苑中所发生过的一段佳话：从江陵来的一位月江五哥找到张大千，跟他说自己马上就该回家了，而那位绩老道兄请你大千弟集《匡喆刻经颂》写的字，写好没有？张大千自忖，哪怕是此间临池习书、练写这一种碑版文字的功夫还没到家，那么，面对这位长者远在千里之外的殷殷企盼，也只好笔生墨滞地勉强贡上一幅献献丑，以表心意了。

说到这位张大千所格外敬重的“绩老道兄”，那可就是清末民初时驰名中南数省的收藏家、金石鉴赏家、书法家，久有“荆楚名士”之誉的荆州人李宝常。

李宝常，字绩丞、寄尘，号素庵、慧博居士，斋室曰“悦梅堂”。1870年出生于荆州一满族书香门第，因家境贫寒，素无产业，乃刻励勤学。自幼习诗文书画，尤精于书法、鉴赏和诗词。年青时考中秀才，并第一批官费留学日本。回国后曾做过湖广总督张之洞的幕宾，其才气深得张之洞所赏识，在四川做过知府一级的地方官，为正四品。在清末民初的书法界，荆州人李宝常与武昌人张裕钊、宜都人杨守敬并称为“湖北三杰”。晚年他在沙市鬻书为生，据说，当时市面上的商家请他写一块匾额，润笔就高达五百大洋。

据《益州书画录·附录》记载：“李宝常，字绩丞，荆州人。初入张之洞幕府，后以知府官蜀。工汉隶，与杨守敬齐名。喜收藏，精鉴别。”这一简明扼要的介绍，在书画界的人士听来，堪称如雷贯耳。作为在益州（四川古称，治所亦为成都）做官、远近知名的一位书法家，曾以公务、私谊的双重友好关系，而与四川咨议局的内江籍议员张善子过从甚密。1916年，张善子以率军参加熊克武领导的四川“讨袁运动”，遭袁世凯指使四川当局悬万金重赏通缉，即携八弟张大千到沙市躲避。期间张大千住在李宝常家从其研学书法。李宝常比张大千年长二十多岁，两人相处欢洽，故而张大千敬称他为“绩老道兄”。

《匡喆刻经颂》是清朝乾隆年间济宁同知黄易于山东邹县境内的铁山之阳，发现北齐时期的书法大师安道壹所留存于世的一处摩崖，身为书法家的黄易便雇人采拓下来。这就是极受海内书法界人士所推崇、被誉作足以与《泰山经石峪》和《焦山瘗鹤铭》相媲美的《匡喆刻经颂》。当李宝常听说张大千处有这碑帖之后，急欲一见，所以就请去上海办事的他们共同的朋友童月江设法找来看看。

《匡喆刻经颂》现存五百余字，张大千集录其中十字作了这副对联，不仅意趣隽永，凝炼简约，而且对仗工稳，妙语天成。上联“不成原似鹜”，意为临帖练字是打基础阶段，首先应当力争达到“成”的境地，否则便是“刻鹄”却“类鹜”摹走了样；下联“有道叹犹龙”，意为书法艺术注重“意味之象”，既重其形，亦重其神，即使掌握了前人的书法技艺，其神韵造化，仍令人顿生神龙见首不见尾之感叹。

众所周知，撰写集字联殊非易事，要受原有存留文字的制约，对联本身也要讲求命意深刻，妥帖工整。这副对联虽然只有寥寥十个字，却深刻地表达了青年张大千的学书箴言——张大千花了如此之大的功夫，来为“绩老道兄”献上这么一幅字，确实表明了他们之间的关系不一般。

张大千所说的“月江五哥”为川籍旅沙巨商童月江。童少年时在宜昌天主教会学堂读书，成年后到沙市经商。辛亥革命时，宜昌率先起事，复率部攻打八旗军驻防的荆州。双方交战僵持不下，八旗军见朝廷大势已去，就利用荆州天主堂的关系找人求和，神甫便找童月江出面联系。民军首领也委托童月江以沙市商会的名义居间调停，终于促成荆州的和平“光复”。其后，他便以“辛亥功臣”的身份在荆州、沙市的政商两界行走，将生意做得风生水起，到民国时他就成了这一带商界的头面人物。童月江敬重李宝常的才学和为人，两人私交甚笃，其同时也就与张大千兄弟有了交谊。

笔者在研究沙市中山公园的建成经历时，从20世纪30年代荆州印行的《市政汇刊》中，意外发现当年李宝常请张大千为公园内的涵荫草庐题写一方匾额和一副对联。从其题款上也得以了解到青年张大千与李宝常之间一段师友情谊。

匾额题字为：“乾坤一寄庐”。落款：“大千题”。对联为：

此间大可移情，开轩纳明月清风，不用一钱去买；

有景都堪入画，凭栏观朝霞暮霭，谁将双管来描。

题款：

涵荫草庐落成，此间风景绝佳，清波绿树，不减深山，我辈乘间而踞为一日之有，顿涤去万斛俗尘，其乐为何如也。爰撰此联，聊此寄意寄尘。

涵荫草庐，是沙市中山公园的一个景点，它位于早期公园大门进门正面中山纪念碑的北边，是当年一个文人雅集的绝佳去处。李宝常的字为“寄尘”，从张大千所撰对联的题款中可见，这副对联是他写了之后寄给李宝常的。而“此间风景绝佳，清波绿树，不减深山”之说，则表明他曾经来过这个地方，并留下了较深的印象。

令人备感痛惜的是，在日寇侵华战争中，荆州于1940年沦陷，沙市中山公园成为日本侵略军的养马场。到1945年光复时，人们发现，公园内许多景点的建筑物均荡然无存。在这次战争浩劫中，毁掉的不仅是涵荫草庐、张大千当年题写的匾额和那副对联，还有张、李之间友谊见证的实物依据。

而到2009年，即张大千诞辰110周年之际，住在荆州的李长芬女士（李宝常第十女），从“世界文化遗产网”上看到一幅照片：张大千、张善子昆仲陪同一位长者合影，而坐在众人中间的正是她的父亲李宝常。再到2019年，家居河北唐山、年届百岁的李长慧女士（李宝常第九女）从这帧照片，惊喜地再见父亲李宝常，她还记得张大千兄弟和父亲身边的童月江；更为神奇的是，她发现照片上父亲牵手的小女孩就是她自己。这一历史照片的确认，在地方文史研究上是一大发现。

那是1932年，身为沙市市政整理委员会工务科负责人的童月江，为规划筹建沙市中山公园，邀请李宝常到南京、苏州等地考察，于是便有了此番前往苏州网师园拜访张大千和张善子昆仲的行程，顺便留下了一幅珍贵的历史照片。

八　我的母亲

我的母亲叫杨倩松，是我爸给她取的名字，意思是伴着松树。她是农民的女儿，大约在她六七岁时，农村戏班子来演戏，她妈抱着几个月的小弟弟，一手拉着她去看戏，在散戏的时候，忽然有人喊“失火了”、“快跑”！场内人群立刻慌乱起来，她和她妈被人群挤散了，正当她哭喊着叫妈时，有一个中年男人说：小孩别哭，我带你去找妈。这样，这个陌生的男人抱着她离开戏场，她再哭喊着也没有用，我妈于是被卖给一个富裕人家当丫头。幸运的是，这家人很善良，对妈很好，妈也很懂事，帮这家人干一些力所能及的活计。开始妈总是想家经常哭，慢慢也就习惯了。这家对她也像自己闺女一样吃喝穿戴，妈和他家的女儿也成为好朋友，就像两亲生姊妹一样，整天快快乐乐生活着。我妈不知不觉长到十六岁，已是亭亭玉立的少女了，她很漂亮，皮肤很白，圆圆的脸上一对又黑又大的眼睛，很惹人喜爱。一个偶然的机会，我妈与我爸相遇了，这样我爸娶了我妈。

我妈常对我讲她第一次到我们家的情况，总是叹息自己命不好，不像一般姑娘出嫁热热闹闹，喜气洋洋，成双成对拜天地。那时，我妈听到收养她的叔叔告诉她，她要出嫁了，嫁给当地一位名人书法家，就是岁数大一些，你愿意吗，妈点点头，她当时想李家是书香门第，一定错不了，并且她也常听到我爸的名字，是荆沙有名的书法家，只是不知他家是三妻四妾的大家庭。过了几天，那家给妈买了新衣及日常用品，由那家叔叔送到我爸家。妈当时心想，我们家一定很热闹，悬灯挂彩，鞭炮齐鸣，来欢迎新娘。可是踏进我们家，静静地，没有鞭炮声，没有看到贴喜字，没有红蜡烛，妈内心一阵酸痛，但还是强颜为欢。老爸出来了很高兴，并对送来的人说：谢谢你，请坐。那人说：我家有事，我失陪了。这样就回去了。

这时我爸对我妈说，我领你去见见咱们家里人。先到老祖母房间，看见一位慈祥和蔼的老人，妈深深地给她鞠了一个躬。祖母看见我妈很高兴，笑着说：多水灵的小姑娘，真是上天保佑，但愿早生贵子。老人就是盼孙子心切。

爸又领着妈去见大小老婆。大老婆看见妈，就生气了，并说这样一个小狐狸精似的，看着不像过日子的人。妈当时勉强笑一笑，泪只能往肚里流。

又去见大姨太二姨太，她们两人见了妈，同声说：真是大美人，怪不得这两天他都乐得合不上嘴。

爸又对佣人们说，这是新娶来的三姨太，佣人一致赞赏地说，真是漂亮美人，老爷真福气。

介绍完了，妈马上系着围裙到厨房同佣人一起干活，做饭洗菜。妈对佣人们说，今天我炒菜，你们说行吗？大家齐声说，看看三姨太手艺。不一会儿，我妈做出的色香味俱全的几盘菜端上桌，还特别给老祖宗做了一小碗红烧肉，老人高兴得哈哈笑。大家吃得很高兴，尤其我爸心里美滋滋的，只大夫人满脸不高兴，筷子一丢，就回房去了。

我妈在收养她的人家学得一手烹饪手艺，那以后我爸的饭菜都要我妈做。

妈初到我们家觉得除大太太外，其他的人对她都很好。可是没有几天，大太太两个女儿回来了，妈有礼貌地招呼二位小姐，两个女儿大声对她说：我爸哪里找来的小妖精，你是我爸从妓院里买来的吧，你接过多少客，肯定有性病，别传染给我爸，老实交待。我妈气得什么话也说不出，委屈得直哭。夜半我妈陪着爸时直掉泪，爸问为什么哭，妈讲了两个小姐的话，我爸听了，也无可奈何，叹了一口气说，这两个女儿像她妈一样，不讲理，不懂规矩，你不要理她们好了，大家庭就是是非多，尤其女人们在一起，我知道你是清白的就行了，她们说啥也没有用。由于我妈勤快，总帮佣人干活，见到他们有困难总用自己的私房钱帮助他们，所以妈和大家关系都很好。

可是大太太看家人及佣人都对我妈好，就更加仇恨和忌妒我妈。

我妈由于夜间要侍候我爸，要到一两点才能睡觉，大太太第二天要妈早起给她梳头，有时梳重了一点，她就拿起梳子朝妈头上乱打，妈也不敢还手，还说：对不起，以后我轻轻给您梳。有时我妈太困了，打个盹，她就用针扎我妈。给她打洗脸水，不是热了，就是凉了，总刁难我妈，开口就骂，动手就打。妈只有偷偷流泪、哭泣，排解出心中的悲怨。

我爸知道大老婆厉害，刁难我妈，可是爸不敢管，因惹不起，爸若说一句公道话，她会大吵大闹，寻死觅活。爸怕外人听见难堪，说没有家教，因我爸在荆沙是有名的文人书法家，是书香门第，应该知道礼义廉耻。

祖父李树蕃作品

我妈在这逆境中，仍抓紧时间勤奋学习，在夜间照顾我爸有空时，就学习识字写字。由于她勤奋聪敏，不到两年时间，就能看书写字。她喜欢看小说故事书，小时候我总要妈妈给我讲故事。全家大小既羡慕又妒嫉我妈，尤其大老婆和她的女儿们，因为她们全是文盲。

妈很善良，慷慨大方，谁家有困难，她都热情相助。记得我家有一个邻居是位五十多岁的老人，生活比较困难。她儿子有病，儿媳没有工作，有一个孙子大约八九岁，有时来我家找妈，叫我妈妈婶婶，说“我奶奶说，家里又有困难，您给我们点钱吧”，妈总给他两三块银元。那时一个银元可以换七八串大铜钱，一串铜钱是十枚，一枚大铜钱可以换五个小铜钱，大概那时一个银元应该值现在的一百元人民币。佣人家来了亲戚，她总热心招待吃饭、住宿，走时还要给小孩钱。

有时我问妈，你哪来的这么多的钱，她说，是你爸给的。爸常常给银元，五元十元地给，她将银元装进一个缸子里，上面放上咸菜，谁也不知道是钱缸子，因怕大老婆翻箱倒柜，知道妈有这么多银元，又得追问吵闹不停。

新年快到的时候，妈妈总给我缝做新衣，我特别高兴，还给发亮的新银元。这时妈妈常想起一些饥寒交迫穷苦的人们，她常将银元送给他们，让他们过年能吃上一餐饺子，孩子们也穿上新衣。我妈的心，就是这样仁慈，总会想起穷苦的人们。

九　我的童年

我因先天不足和后天营养缺乏，从小没有吃母乳，那时没有卖牛奶的，更没有奶粉，所以我三岁时才会说话，到四岁开始识字。妈先教我数一、二、三，可是我数到十，就不能往下数了，经过妈反复耐心的教，慢慢就可以数到一百了。以后又教我认字，她将字写在纸块上，从简单字到多笔画的字，一点点教，反复教，我渐渐变得比较聪明了，只要她头天教我的字，我第二天都能记得和回答。那时我已五岁了，要读《三字经》，因《三字经》很顺口，我很喜欢念诵，这样一本《三字经》，我两个月就背熟了。这时我看其他女孩子学针线和绣花，我偷偷将妈的一块衣料剪了一块学绣花，因此我就没有专心背《三字经》和识字了。妈妈看见很生气，说绣花是可以学，但不能整天地绣花，如果读书时间长了，累了绣绣花，让脑筋休息一下是可以的。你现在应该好好学习，将来上学，要读

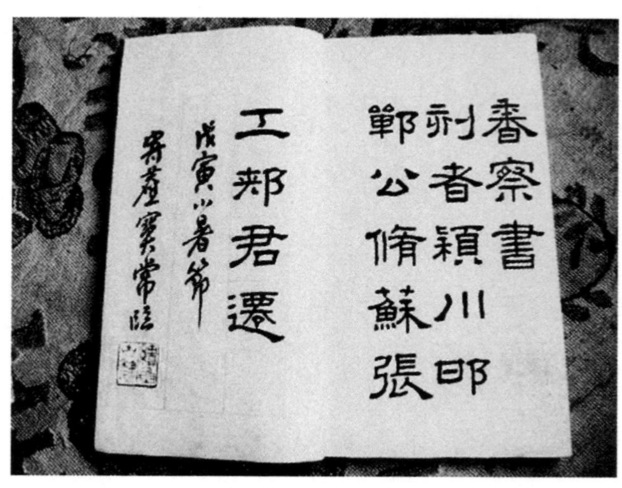

父亲李宝常书法

中学，上大学，才能挣钱，生活独立，不要靠男人养活自己。你看妈，这一辈子生活多苦，受人欺负，你要长志气，发奋读书，将来做一个堂堂正正的人。经过妈妈反复教导启发，我暗下决心，一定要争气好好学，上大学，不辜负妈妈苦心教育，这样我学习更专心了。

在我四五岁懂事的时候，我最怕大妈，看见她就吓得直哭。大妈规定不让我叫妈，而要叫我妈的名字，可怜一个孩子叫妈的天性都被她给剥夺了。有一次我出口喊“妈妈”被她听见了，她抓住我狠狠打我的嘴巴，边打边说，还敢不敢叫？她边打我还边叫“妈妈来”，打得我鲜血流了满脸满身。妈妈抱着我泪水滴答，妈的泪与我的血混合在一起，这对一个孩子一生都是一个惨痛的记忆。

还记得一次，我将饭粒撒在地上，大妈看见了，提起我将我的嘴按在地上，要我将饭粒吃掉。我哭着反抗，她提起我一只胳臂，把我扔到我家墙外大金鱼池里。妈妈听见，急忙将我捞起，我已昏死过去了。妈妈用嘴吸我口中的水，又吹气，我慢慢才苏醒了。妈将我抱在怀里，用她的体温暖和着我。大妈还在一旁骂，这孩子命贱死不了，装死骇人。

我小时候最怕我二姐的几个孩子，他们都比我大，他们看见我不是用脚踢，就是拿竹竿子打我，几个孩子围着我打，我脸上身上总是青一块紫一块，还说，他们妈叫他们打我，还说我妈是他们姥姥仇人，要除掉我们娘俩。有时我听见他们一伙来了就往老祖母房间跑，他们就不敢追我了。我妈看到我身上的伤痕，总摸着我，问我痛不痛，我说不痛。她眼泪滴嗒滴嗒往下流，我边用小手给她擦泪边说：妈妈我不痛，你不要哭了。妈妈抱着我说：妈妈真无能，连自己的孩子都保护不了，说着又放声大哭，我也哭了，娘儿俩的泪给衣服都打湿了。妈说：我明天找他们说，叫她们管管孩子。第二天看到大妈二姑娘来了，妈很客气地跟她打招呼，妈说：我想求你一件事。她说，什么事？快说，别吞吞吐吐的。我妈说：我的九儿（我的小名叫九儿）身上伤痕不断，被你们孩子打的，请你跟他们说说。大妈二女儿听了妈的话，马上怒气冲冲说打得好，我还要打你。她不由分说，将我妈推倒在地，拳打脚踢乱打一阵。我站在一旁，看见妈口中鼻子里鲜血直流，害怕得要命，求着说二姐别打我妈，她还骂着这种人就是欠打，甩手就走了。妈苏醒了，我扑到妈的身上，妈抱着我，娘俩又哭成一团。妈妈这时清醒了，她说为什么无缘无故打人，真是欺人太甚，越想越气。可是我们娘俩除掉哭，去哪里说理啊。

我小时候，最高兴的事，就是妈妈带我上街买东西，买好多好吃的，还有玩的布娃娃和小人书等。因我爸喜爱旅游，常常不在家，而只要我爸在家，妈要给他做饭。妈给他单独做饭时，要亲自买新鲜蔬菜鱼肉，还买配料调料，同时给老祖母买五花肉做条肉。有时看见什么好吃的零食，也买一大堆分给大家吃，每次都给佣人买一包花生糖果什么的。妈一般都是中午出去买，这时大妈睡午觉，要下午三点以后才起来，我爸一般下午两点起来吃饭，这样大妈看不到妈妈这样大方花钱，也不致吵闹。

十　儿时一段幸福生活

大概在我九岁时，我家连续发生很大的变故。

第一件大事，老祖母去世。那时她已经八十四岁了，但在逝世前，她的生活完全自理，是个很健康的老人。有一天她忽然从椅子上滑到地上，就昏迷了，失去知觉，一会儿呼吸就停止了，儿孙们都在床旁围着。对这样一个德高善良的老人，大家都伤心落泪，尤其两个年高的儿子，伤心欲绝，长跪不起，觉得老人一生为他们付出太多，含辛茹苦，单独一人挑起养家糊口的重任。他们这时才感到平时对老人关心照顾不周，忙于工作和家务，未能朝夕陪伴老人，深为愧疚。因此，祖母的丧葬仪式搞得隆重，以弥补儿孙心中的悲伤，送葬队伍也很隆重，有百余人参加。

第二件事，老祖母去世不到半年，我的大妈因患血山脚，就是血像尿一样流出，很快逝世，按现在诊断为子宫癌。她的死冷冷清清，除她的两个女儿哭泣外，其他上下人没有一个掉泪的。

第三件事，大妈死去不到一年，大姨太也突然死去。我记得很清楚，我看她靠着窗子坐在椅子上打盹，就前去拉她手，说上床去睡觉吧，她就倒在地上，一会儿就停止了呼吸。现在想来她可能是心肌梗死。她刚四十多岁，大家都很伤心，因她比较善良，人缘好，我和我妈也很怀念她。

在我十岁的时候，由大家庭变成了小家庭。这时家里只有爸妈和我，以及一个女佣人和一个丫头，那丫头叫桃花，是一个军官送给我爸的。

那时我家从荆州迁到沙市。沙市靠着长江，交通方便，来往人多，当时沙市也比较繁荣，找爸写字的人也多了，收入颇丰。我妈这时感到很轻松，有富裕时间，她爱看小说，如《镜花缘》《红楼梦》，还每天督促我写字。这时爸看我能认识很多字了，《三字经》《千字文》《增广贤文》等都背得熟，并能写字，爸称赞妈是一个很好的幼儿教师。爸感叹地说，咱家四个女儿出生在书香门第，没有一个认字的，都是我对女孩子不重视，现在我得好好地教教我的小女儿。爸要我开始读《唐诗三百首》，读古文。这样我在爸妈指导教育下，能背诵一些唐诗和古文，《长恨歌》《滕王阁序》，我能背得很熟。那几年我感到无比幸福。爸妈爱我，教我读书，我对古典诗文也很感兴趣。

幸福时光易逝，一晃我已十二岁了。记得有一天，一个中学教导主任到我家串门，我父亲正在给我讲《滕王阁序》作者王勃的故事。那位主任问令嫒多大了，我爸答今年十二岁了。问上学了么？爸说没有。爸又将我作的诗给他看，看后他说，你的女儿可以不上小学，直接上初中，因为她的语文程度已超过初中，马上要开学了，我给她报名。这样，我就要直接进入荆州第八中学读书了。

我妈听说我能一下子上初中，特别高兴，女儿真有出息了。她忙着给我缝制新衣，准备书包笔墨本子等，样样都给我考虑到。

伯父李宝镛作品

可就在这幸福时刻，忽然大灾祸降临在我的头上，妈妈流产大出血逝世了。我从出生起，母女俩就相依为命，一旦妈妈离开我，我的心都碎了。我再也没有力量生活下去，精神和身体都到崩溃边缘，我整天哭，发呆，不吃不喝，只想随妈妈去。

是爸爸的亲情，朋友的友情，给了悲痛欲绝的我以生的希望。那时我的傅英小朋友，整天陪伴着我，强迫我喝水吃东西，如果我不吃，她也不吃。这样在她的温情中，我慢慢地从悲痛中缓过来。接着，学校要开学了，我带着疲乏的身体和悲痛的心情进入了初中。

没有了妈妈，家对我来说也就不是家了。

初中要到荆州去读，我也从此离开了家，告别了我的童年。

十一　幼小艰难读初中

我没有上过小学，也未经过入学考试，就上了荆州第八中学，那时我十二岁。

头一天上学的情景，至今记忆犹深。学校的教室里面很热闹，欢声笑语，坐满了高我一头的十四五岁的女孩。看到我走进教室，她们就问：小姑娘，你找谁？我一时吓得心跳气短，结结巴巴地说：我也来上学。大家听了哈哈大笑：你找错门了，这是中学。正当我不知所措的时候，教导主任郭老师来了。他说：我给你们介绍一下，这个小姑娘是荆沙有名的书法家李宝常先生的小女儿，在家她爸教她读唐诗古文，我到她家串门，她能将《滕王阁序》一字不差地背出来，她还会作诗，我看了她作的诗，觉得她的语文程度已达到初中，所以就让她到这里来读书，你们都是她的大姐姐，请多帮助她。大家齐声说：主任，您放心，我们会照顾这个小妹妹。

湖北省荆州中学，当年叫荆州第八中学

可是上起课来，对我是困难重重。我不会汉语拼音，识读生字就很慢。我没有学过数学，开始上数学课根本听不懂。再上英语课，我连英文字母都不会，不知道怎么办才好。

下课了，班里的大姐姐们欢天喜地到操场上打球，有排球，有篮球，可是我在家连皮球都没有摸过，人小气力弱，只能站在一边，看她们活跃在球场上，既羡慕又无奈，还有自卑感。我不但年龄比她们小，还因母亲突然去世过度悲伤，身体也很虚弱。

放学回到姑姑家，那时因我家已迁往沙市，荆州那所大宅院，给姑姑一家居住。姑姑家有三个表哥，大表哥在荆州小学任校长，他有三个子女，他的大孩子与我同年，二表哥高中毕业后，在家复习功课准备考大学，三表哥与我订的娃娃亲，正在上高中。他们家很热闹，来往的同学多，金传炳也是他们高中同学。他家就住在表哥家邻近，因他家开金银首饰店，人多屋子小，金传炳就长期住在表哥家西边书房里读书学习，帮同学补习功课。他不仅给两个表哥和一些要考大学的高中生辅导，还有不少十五六岁的初中女生也找他补习。金传炳虽然花很多时间帮助别人学习，可是自己的成绩还是很优秀，在班上总是前三名。他多才多艺，喜爱体育，各种球类都能上场，尤其网球打得好，常参加比赛。他还爱好游泳，射击，打飞鸟很准。由于德智体均优，得到老师和同学的赞赏。他的优秀来自天资聪颖加上刻苦勤奋努力。他每天四点钟就起来学习，由于怕睡过时间，冬天都盖薄被。他是荆沙唯一考上唐山交通大学的学生，那时该校是全国名校。

在初中女生中有一个姓聂的女孩，传炳在西边书房里经常给她单独辅导讲课，初中毕业后又亲自送她到湖南读高中。聂非常用功，整天坐着不动专心学习，大家认为他们是一对情人，也有人觉得他俩不般配，就说这也是情人眼里出西施。

我小时候，听我父亲常提起金传炳。说起他六岁时，珠算打得特别熟练，还能帮助他爸招待顾客卖首饰，经他父亲核对，一点都不错，真是天才，聪明过人。在我幼小心目中，对他印象很好。

母亲忽然去世，给我幼小心灵留下深深的伤痕，我整天以泪洗面，我时时刻刻想着妈妈。我妈死后，做媒的人很多，我父亲又娶了一个约三十岁的后妈。有了后妈，我也就等于没有家了，我哭泣，茶不思，饭不想，正在发育的身体变得瘦弱不堪。由于常常夜间哭泣，眼泪流入耳内，患了中耳炎，未及时治疗，成了终身耳背的疾患。

在姑母家走读上初中，虽然他们家很热闹，我从不参加，也不爱说话，变得很孤独，表情淡漠。表哥亲密的朋友金传炳就住在我的卧室对面，他是在西边书房，我是住的东边古董房，经常碰面，但在初中三年里，我从未和他说一句话，像陌生人一样。虽然我对有些功课比如数学觉得很难，但也没有请金传炳给我补习。

后来在平越时，传炳常说：在荆州的时候你还是个小孩，不理人，不懂事，哪知道你这样聪敏，真是浪费时间，读了三年助产学校，我若当时给你补习，早考上医学院，已经当医生了。我说：你那时有那么多男生女生崇拜你，他们都要依靠你补习，你眼里哪能看得起我呢。那时晚上常听到你给他们讲课的声音，我好羡慕啊。我常常被数学题难住，却孤独无助，写几个字就不知道写什么了，本子被滴答滴答的泪水打湿，头昏，脑闷，趴在桌上就睡着了。真是奇怪，我当时为什么没有勇气找你呢。传炳听后说：多可怜可爱的小女孩，怪我那时目中无人，没有发现你这颗明珠。

到了星期日，传炳常带一群男女学生去打鸟和摄影，他射击技术好，很快就能打下十几只，他们就用树枝烧烤野餐。看到好的风景他还给大家摄影。我那时孤独地在房间里，听到他们高兴地出去和回来，真希望能享受那么一个愉快的星期日。到了第二天，传炳拿给他们冲洗出来的照片，大家争着看，议论纷纷，可我连一张自己的照片也没有。那边大客厅里的欢声笑语，只能使我越发感到孤独，觉得在这世界上我是个最不幸的多余的人，甚至都不想活了。

又是一个星期日，我听大厅里有一个男同学说：今天金传炳不带我们去打鸟了，因为上星期他打下一只成对双飞的鸟，那只失伴的鸟在他窗前飞舞惨叫了一个星期，使他心神不安，良心受到谴责，他将猎枪丢到河里去了，决心再也不打鸟。我听后，对金传炳又加深了一些好感。

我与三表哥是由父母订的娃娃亲，但我们根本没有在一起谈情说爱，甚至很少说话，我不爱理他，他对我也是敬而远之。他两次大学入学考试均未被录取，我对他的感情越来越淡薄，也不觉得我们是未婚夫妇。

在我上初中二年级时，听到表哥家一些同学说，今天金传炳要结婚了，也是奉父母之命、媒妁之言，他和新娘万氏是娃娃亲，大家说今天我们要喝酒大闹新房。我在一旁细细听着，原来他也是娃娃亲，不禁觉得同病相怜。但自己又暗自好笑，谁像自己的娃娃亲这样不和呢？也许他们能相亲相爱白头偕老。

第二天，特大新闻在表哥家闹开了，当同学喜气洋洋地进到新房，还未开口说话，金传炳就怒气冲冲地对同学说：你们来干什么？快回去，要结婚是父母的意见，与我无关。说着也跟着同学一块到表哥家，像往常一样专心读书，夜间让新娘孤独地呆在洞房花烛夜里。金传炳一个月也没有回家，他父母多次劝说也无效果。那时我听到这样消息，既同情金传炳，又感到自己的婚姻不幸，自己暗下决心，等大学毕业了，就解除婚约。

当年的荆州中山大马路

记得在初中一年级下学期的时候，语文老师出了一个作文题：《母亲》。我看到题目，不禁眼泪止不住地往下流，我边流泪边写："我是一个失去母爱的最不幸的女孩，母亲离开我已有半年，母亲的音容笑貌时时在我眼前晃动。我好孤独可怜，我像失群的孤雁，风雨中的落花，没有人爱我，没有人保护我，我不知能否继续在迷茫茫大世界中生存下去……"

老师看后，在我作文本上批示道："长慧同学，你不要过于悲伤，你还很年轻，只要努力学习，就会有光辉的前程。目前你虽然没有母爱，但是你还有父爱。”

我看了老师批示后，才想起半年来也没有回家看看父亲。

到了星期日，我早早起来，心中产生一丝喜悦，回家看父亲。

踏进家门，景物依旧，物是人非，不禁暗自心酸。看见年轻后母抱着小妹妹坐在床上说：你好久没有回家，你爸又去旅游了，不在家。这时老保姆王妈出来了，热情拉着我的手说：小姐，你上学后怎么不回家看看，很想你啊，你身体好么？又说：我去买菜做你爱吃的麻婆豆腐和鱼香肉丝。后母听见说：昨天不是剩了不少的菜吗？我听后泪差点流出来，就强装笑容说：王妈我不在家吃饭，今天有同学请我，我一会儿就要去了。王妈送我到门口，摸着我的头说：可怜无娘的孩子，小姐你要好好注意身体，想开点。她边说边用手抹泪，我塞给她两块银元就离开了。我又回到荆州冷冷清清的屋子里，伤心哭了一会儿就睡着了。

这就是一个无娘无家小女孩的星期日。

十二　作客苏州网师园

我能直接读初中，是父亲的一大骄傲。说来，他到中年之后一婚再婚，无疑是受传统“不孝有三，无后为大”陈腐思想的影响，一心想得个男孩。但他毕竟是个内心情感十分丰富的人，尤其是因我的母亲死于难产，他于内心深处愈是无比怜惜我这个有娘生、无娘疼孤苦伶仃的女儿，只不过平日不大从外表上流露出来罢了。

那年暑假，父亲带我出了一趟远门，后来我才知道，他是为着修建沙市中山公园的规划设计，特意到中国古典园林最为称著于世的苏州去作前期考察。那次我们父女只是跟着走，父亲说我俩所追随的“东家”，也就是我们这一行的领头人，父亲的好友童五叔。童五叔虽是对我们管吃管喝管起卧，路上的一切开销都归他掏腰包，但他却对父亲毕恭毕敬。我年纪小，不懂大人之间的关系，所以也跟着父亲任由他给我们花钱。每当童五叔提出要给我买这买那时，父亲只是笑着让我说谢谢，并不特别阻拦。当然，我从小所受的教育，也让我不轻易向人家要什么东西。现在想来，这一趟出行，是父亲可着劲儿地任由童五叔来宠我。这也是爸爸的父爱与补偿吧。

童五叔本名叫童月江，是我家的常客。他比父亲大几岁，父亲说他可是一位奇人。当年辛亥革命时清兵与民军在荆州打得不可开交，最后是童五叔在双方之间穿针引线促成了和平"光复"。那时，沙市名义上是江陵县的辖地，但县知事除了派人来摊捐收款，其他事概不过问，所以商会拥有较大的自治权。那些年，北军、南军等各派军阀混战不息，不是今天你打过来，就是明天他打过去，几派人马拉锯似的在荆州沙市一带来来往往，抢劫勒索、敲诈摊派，商户和百姓不胜其扰，日子提心吊胆。到三十年代初，童五叔和父亲都已年过花甲，大家就推举当时四十来岁的金荣甫（金传炳的父亲）做商会主席。后来听金传炳说，他父亲最难办又不得不经常做的事，就是应付各路军阀兵马。过来一拨队伍，商会就出面请各家商户出份子钱，比如大户十块、小户五块，收集起来交给他们礼送出境，只要别在我们这里明火执仗、祸害百姓就行。那些军阀人马到处流窜，全都没个长性。童五叔就跟父亲商量，不管谁主政，家乡建设的事情总归由我们具体来做。父亲读了一辈子圣贤书，讲究的就是个"达则兼济天下，穷则独善其身"。眼见进入民国已是二十来年，可市内仍是一派旧时容貌，人称"道路不平，电灯不明；晴日漫天尘埃，雨时三尺泞泥"。父亲心中早已想该为家乡做一点事。所以，便不再推脱，做了沙市市政建设整理委员会的委员。先前，父亲在川中生活多年，知道成都的最佳去处，是青羊宫、文殊院、杜甫草堂等，而沙市这一带旧时只有私家园林，像什么周家菊园、邓家花园等，外人根本不许进门。如今，民国建立，咸与维新，当务之急，一是解决民生大事，诸如修建大马路、新辟菜市场等，再就是应该新修一座公众游乐园。

当然，父亲选择到苏州，还有一层原因：清末民初之际，父亲尝在四川任职，与四川咨议局议员张善子相知如故。后来张善子和张大千兄弟还到沙市在我家住过一段时间。张氏兄弟从日本留学归国一度寓居上海，随后卜居苏州网师园，不久前特意来函，诚邀父亲前往相聚，以畅怀叙旧。

当时去苏州，坐船顺江走下水先到南京，也得四五天。我们订的是民生公司一条船的一间二等舱。舱内设四个铺位，除了我们三个人之外，童五叔还带了个管家。船到南京，我们一行四人起坡登岸，早已有人在码头恭候。然后在夫子庙旁的“状元境”订下两间客房，逗留数日。在这期间，那位管家奉童五叔的派遣，先行到常州、无锡及上海给童家店铺办货去了，父亲则与童五叔结伴，带我去看了乌衣巷，游了秦淮河。一路上逛进一家大广货铺（百货商店），童五叔还为我买了两身新衣裙，然后便转乘火车前往苏州。

在苏州网师园，我还闹了个笑话。那天张善子、张大千兄弟从大门外引导我们走进园中，父亲让我依大排行分别叫他们张二叔和张八叔。走到他们住的那屋子前面，我见正面当门的匾额中写着“殿春簃”三个大字，小孩子嘴快，当下嘟囔说：“这字儿怎么倒着写？”

因为父亲时常给周边的寺庙庵观写匾额，我见得多了，只道如“大悲殿”、“天王殿”与“祖师殿”一样，都是从右向左写而用殿字压脚，现见这匾额的三个字是从左向右写，所以口没遮拦就来了这么一句。

我一说，张二叔和张八叔都哈哈大笑起来。他们俩都蓄着一脸的大胡子，笑起来胡子直抖，还说：“说得好，怎么写倒了呢？来，请你爹把它们正过来。”

“你这个傻丫头，乱开黄口。”父亲慈爱地拍拍我的脑袋瓜，正色说，“宋人邵雍写诗道，多谢化工怜寂寞，尚留芍药殿春风。这‘殿春’指的暮春之意，而末尾的簃就是指这屋子，这样命名可是有来历的。”那会儿，我羞极了。不过从此往后，我说话都十分小心在意，再没有乱开过“黄口”。我想，这都是父亲从小对我的教诲，让我养成的一种良好习惯。

这两个张家叔叔可有意思了，别人家养宠物，都是喂条狗、喂只猫，他俩倒好，喂了一只小老虎叫“虎儿”。听说这个虎儿还是郝梦龄将军专门送给张二叔的，因为张二叔特别爱虎也擅长画虎。后来，郝将军在抗战初期的忻口会战中壮烈殉国，是抗日战场上中国牺牲的第一位军长。

张善子曾画过十二幅虎为一组，名十二金钗图，何香凝、李瑞清等名家和父亲都为此图题诗写字。父亲题诗云：

盟联啮臂博君欢，倚帐由来解脱难。

我欲此乡终老矣，轻裘偎依不知寒。

相思入骨此心昭，一笑临风种爱苗。

莫怪局中多梦梦，旁人看见也魂消。

父亲为张大千题画牡丹其诗云：

不论姚家和魏家，洛阳春事兴犹赊。

群芳俯首无颜色，第一国闺第一花。

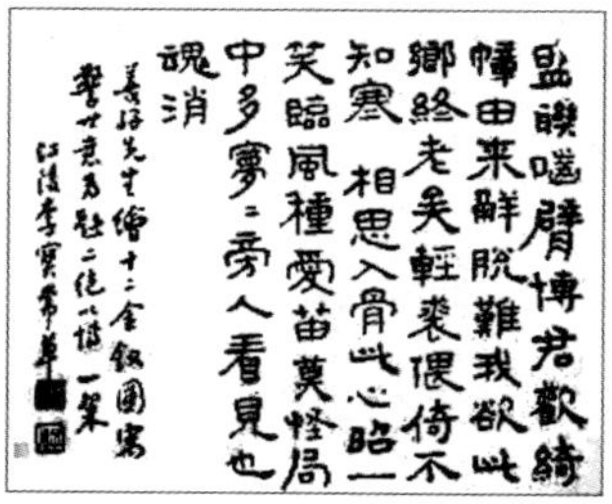

父亲为张善子十二金钗图题诗

那几天，张家两位叔叔陪父亲去看了不少地方，有时带我坐了车去，有时我就留在殿春簃和他们家的少爷、小姐在一起看书、做游戏。张家的少年伙伴，我记得名字的只有张二叔家公子张比德，和张八叔家小姐张心瑞。

日子过得飞快，我们该告辞回沙市了。临分别的前一天，张八叔还专门请人来给我们摄影留念。临拍前，张二叔又特意牵来了他所珍宠的“虎儿”作陪。

我们回到沙市不久，张二叔由苏州来信，便寄来了这张照片，父亲把它交我，我一直珍藏着，它记录下我一生中最为宝贵的美好时光。可是1940年在重庆的合川诊所被日本飞机炸毁，这张照片从此便与我错失人间。

后来我出外负笈求学，便与父亲聚少离长，直至他去世，我也因战局影响未能由唐山回家奔丧。再往后，工作、家务的双重负担，几十年间我基本上已打消了再重返故土家园的念头。而退休后，又为丈夫的病体难愈而劳碌多年……每每夜半梦回，才又回忆起早年间生活的种种时光。

幸而儿孙们都特别孝顺，时常环绕膝下承欢。他们知道我年高体衰，难于成行，再跟他们去说想要回家，早已成为一种奢望；更何况，亲属们疏离已久，即便回去也是时移势易，家人风流星散。平素孩子们只要在报纸、电视，后来更是从网络中，见到有关荆州、沙市的一星半点消息，也都会收集来让我分享，以告慰我老来的思乡情怀。

至于与我相违已久的苏州网师园殿春簃那张照片，真没想到时隔七十多年后又会跟我相见。那天，儿子四贝从北京回唐山来看望我，带回他从网上下载的一张照片，我一看不由热泪盈眶：那位坐在正中间酸木枝圈椅上的长者，不就是我在梦境中不知见过多少遍的父亲吗？照片中的他，穿一袭夏布长衫，还是那样神闲气定，情态安详，一派儒雅风度；坐在他左侧的就是那位身穿皂色香云纱的童五叔。而我大约刚好去留意张二叔正在逗的“虎儿”去了，垂下眼睑的瞬间，摄影师便按下了快门，不过小女孩的那种羞涩与腼腆的情态，映现得还是挺逼真的。

期颐之年看到87年前的老照片

据说，这张照片的网络始发地，为苏州网师园的网站。我想，那边的照片提供者或展布者要是知道画面中的这个小女孩已时至百岁高龄而她又再次见到这帧旧日影像时，那内心的感受对他们该是何等真诚的谢忱。

——这可是现存于世我20岁之前的唯一照片。

再看这张八十多年前的照片，里面的大人们都已作古：李宝常（1870-1949）、童月江（1867-1944）、张善子（1882-1940）、张大千（1899-1983）；而同处一框场景中的张比德哥哥和张心瑞姊妹再赏此图，同样应该会为这一段人间佳话而感慨系之。

附

凝聚李宝常心血的沙市中山公园

陈礼荣

登上沙市中山公园春秋阁二楼，其殿门两边的立柱上有一对联：

绍尼山大一统心传遗憾三分缺汉鼎

为守土留两间正气声灵万古濯荆江

此联系清末至民国时期的著名书法大家李宝常先生所撰写。

李宝常喜收藏、精鉴赏、工诗词，而其书学根底尤深，在清末民初书坛极有影响。兴建沙市中山公园时他费尽心力，参与规划、设计人文景观，并为公园大门、太岳堂、餐英精舍、春秋阁等多处景点撰写了楹联。

沙市地处湘鄂间腹心地域，自1896年开埠之后，大宗的外国商品从这里直接销往江汉平原、洞庭湖平原的十数个县、数百个乡镇。转口贸易的数额激增，极大地提升了当地商贸经济的迅速发展；至1923年，沙市的进出口净值便已达1977万两（关平银），已经是先于开埠20年之久宜昌的四倍。商贸经济的快速发展，极大地促进与推动了当地广大商民要求改善市政设施的迫切愿望。1931年，地方商会与军政当局成立专门机构，叫做沙市市政建设整理委员会，徐源泉任委员长，委员中有荆州商会主席金荣甫，后与李宝常结为儿女亲家。市政建设整理委员会还专门高薪特聘一位设计师王信伯来主持大计，正式开工并落实的项目，计有中山大马路、体育场、新民菜市场和中山公园等。

沙市中山公园兴建凝结了当时社会各方力量，有钱出钱、有力用力、有智使智。因为当时很大一部分资金来自于民间，通过商会、企业主捐资。在兴建中山公园中起主要决定性作用有四位：徐源泉、李宝常、王信伯、童月江。

沙市中山公园的初建面积为275亩，是江汉平原上第一座公共游乐设施。由于荆州自古人文荟萃，古迹众多，故经精心擘划，公园建成后共设新建景点十八处：其中既设有纪念楚国大诗人屈原的屈原居、纪念楚令尹孙叔敖的孙叔敖墓、纪念蜀汉大将关羽的春秋阁、纪念蜀汉丞相诸葛亮的武侯祠、纪念明朝内阁首辅张居正的太岳堂、纪念“公安派”旗手袁宏道的卷雪楼以及纪念近代民主革命先驱孙中山的中山纪念堂与总理纪念碑等，也建有反映荆楚大地水

1934年冬，沙市市政建设整理委员会部分成员在中山公园市政亭前的合影，右二为童月江，右四为李宝常，左一为王信伯，左三为徐源泉

乡园林风貌的浮碧仙馆、卷雪楼、镜漪亭、爽秋亭、锄云阁、涵荫草庐、餐英精舍、环翠山房与绿杨村等。这些景点不仅分布匀称，错落有致，而且各个景点的周边范围内均是各有乔木、灌木依次搭配；春柳、夏桐、秋桂、冬梅四时展芳的植被环境与之相映称。

时任沙市市政建设整理委员会委员的李宝常先生，是地方上久负盛名的一位文化耆宿，近现代一个有抱负、有智慧、有作为的知识分子、士大夫，一位“入朝智可辅国，归隐谋当兴邦”，以屈原为榜样式的人物。

沙市中山公园兴建充分体现李宝常的才、情、智，使之成为大众养怡身心、追忆先贤、激励后来的活动场所。从设计中山公园之初，他即为园内布局耗费了大量心血。李宝常不仅为园中取名、撰联煞费苦心，就连栽花种树、园林景观布置等等都亲事亲为，指挥园丁认真负责。为了更好衬托景物完美度，栽什么花，种什么树皆反复斟酌，使之达到天人合一。将两千年来荆州优秀人类历史文化，通过园林景观艺术展现出来，达到潜移默化、寓教于乐之效果。

初建时期的沙市中山公园亭台楼阁，布置疏密得当，井然有序。除了十八处新景点，在中心区设有一座大型儿童游乐场，在北侧还建有一个动物园。公园内，水面约占四分之一，通过设计师合理布局，并以沟渠连通，形成水上游乐网络；原先靠古便河一侧的沙市古城垣，即自然形成一道土山，以其狭长形而被命名为蜈蚣岭……总之，草创初定的沙市中山公园，成为江汉平原上第一座造型别致、格调高雅的公共游乐场所。

现在沙市中山公园大门两旁牌匾为李宝常所书：雄楚、怀沙。意为楚国故地怀念屈原

沙市中山公园修成后，李宝常请张大千为公园内的涵荫草庐题写一方匾额和一副对联。

据史迹记载，我国伟大的爱国主义诗人屈原南下湘沅前，曾在沙市住了一段时间，所以在公园内建有一处屈原居，以志凭吊。李宝常写过一首题为《过屈原居感赋》的诗：

抱洁生污世，含愁孰忍言。

人穷多著作，身死有余冤。

兰芷千年秀，离骚一卷存。

我才惭宋玉，何处赋招魂。

沙市中山公园落成之日，适逢秋菊满园，李宝常又为追思屈原的餐英精舍写了两副对联：

其一：

读庾子山小园赋，花柳争春，吟咏寄幽情，凭栏观映日芙蓉，临风霹雳

绘王摩诘辋川图，楼台近水，壶觞传胜事，满座聚餐英高士，香车美人

其二：

恨无人属和离骚，风雅销沉，今尚余一席名山半潭秋水

就胜迹小营林壑，登临啸傲，即此是三湘芳芷九畹幽兰

［太岳堂］内祀明相张居正，有李宝常一联：

为南纪山川灵异所宗，生有殊贵，殁有余哀，光气郁风云，问谁表忠良宅第

值诸葛宗社颠危之际，上可托孤，下可寄命，精诚贯日月，应平分丞相祠堂

［涵荫草庐］为荆州市最早公共图书馆，有李宝常一联：

供桑梓讴吟，可有雄才追屈宋

快春秋游览，好邀明月伴琴尊

［镜漪亭］有李宝常一联：

亭与波心相掩映

月从水面鉴空明

［爽秋亭］有李宝常一联：

三径凉生桐叶雨

一亭香送桂花风

［市政亭］亭中刊刻李宝常书丹撰文《建设新沙市碑记》:

若夫纪山北去，地控襄樊，漳水西来，河通汉沔。长江浪涌，昂头惊巫峡之奇，雄楚楼高，极目揽潇湘之胜。松环八岭，风卷成涛，草护双湖，波平如镜。是盖古今之重镇，上下之通衢也。

在昔楚宫歌管，春满章台。汉寿旌旗，威扬郢甸。杜工部于焉栖息，宗少文借此卧游。移石穿池，梁元帝辟湘东之苑，回澜卷雪，袁中郎筑砚北之楼。舸舰迷津，夜贳千门之酒，楼台隐雾，春藏十里之花。

丽矣名都，猗欤盛焉，乃星移物换，几度流年。谷变陵迁，难逃浩劫。闾阎寥落，农工化为游民。阛阓萧条，商贾迁于乐土。俯仰今昔，曾几何时，而一切云霞栋宇、饭甑琵琶，均已电扫风驰，几成为穷乡僻壤矣。

然而，通与塞相为倚伏，盛与衰自有循环。盖既欲鼎新必先革故。不有转旋之力，何以复富庶之观。

兹欣逢克成，义胆包躯，仁心为质。恩威播于遐迩，闾里获庆义安。靖大地之烽烟，楼船直下；走空江之雷雨，剑戟横飞。凡其马首是瞻，鸾佩所向，靡不民讴慈母，军震夜郎，翼以休风，屹然重镇。

暇则召集是邦人士，成立沙市市政整理委员会。灼见弊源，大破旧习。因利以为利，四境同霑。求仁而得仁，群黎普渡。垦不毛之地，原野现如镜之山河。剪伐荆榛，宵小远匿，经营台沼，庶民子来。峻堞云横，喜藩篱之巩固。烽台壁立，并营垒以崔巍。得半日余闲，聚宾僚而流连。借诗酒辟数弓隙地，资运动以焕发精神。谈笑风生，得霸国江山之气。登临兴剧，收郢都烟月之奇。俾风气之转移，畅天机之活泼。星罗棋布，歌王道之荡平。桃美棠甘，向公园而舞蹈。

从此万民同乐，百废俱兴。听载道之口碑，仁恩宣畅；展行人之眉宇，意气激昂。心旷神怡，俱有临源之兴。肩摩股击，无忧行路之难。惟冀群策群力，体明公缔造之艰，有始有终，尽我辈赞襄之责。遵先民之矩矱，精进无疆。萃各国之英华，文明昭著。五光十色，比鸿都之有规模。万祀千秋，附骥尾而传名字。

总之，沙市中山公园承载着中华民族丰厚的历史文化积淀。作为深受地方群众喜爱的一座公共乐园，它的辉煌历史与灿烂业绩，足以夸耀当代、辉映后世。

中山公园是李宝常的心血之作

中华人民共和国成立后，几经扩建和修葺，沙市中山公园现在的全园总面积达74万多平方米，为初建时期的四倍多。据中国中山公园联谊会的有关专家统计，目前全球共有75座中山公园，而沙市中山公园则是国内已知70座中山公园中占地面积最大的一座。

中山公园是李宝常晚年归隐故乡心血之作，承载着厚重历史。他为荆州城市建设和文化繁荣做出巨大贡献，可他的故居被拆时，有谁为他说过话？连一句惋惜的话都没有。更可悲的是，荆州名人馆找不到他的踪迹，还不如一个歌星。他是荆州历史。荆州没有李宝常，近现代沙市城市建设是个啥样？中山公园是个啥样？

谁能回答?

距离产生美，当历史车轮走到今天，回过头时，看李宝常主建沙市中山公园时，你会发现它是一个美人，一个青春不谢的美人。

位卑偏宜兴家埠，
患难未敢忘国忧。

这是李宝常晚年心迹最好写照。他为荆州做出巨大贡献足当福泽后世，彪炳千秋。

十三　孤身去武汉

初中毕业了，我是十六岁，在那时家乡女孩子已经到了谈婚论嫁的年龄，我同班的同学大部分都要结婚。父亲对我说，你已初中毕业了，在我的五个女孩子中，就是你聪敏好学，尤其是你妈很重视对你的教育，循循善诱，还以她自身的经历启发你，希望你将来做一个堂堂正正的人，有本事，有能力，依靠自己独立生活，因之你能有今天。现在你初中毕业，已经不小了，你与表哥也订婚多年，应该结婚了。我马上回答，我不结婚，我要上高中。父亲想了想说，你有这样的志气很好，爸赞成支持你。可是他与年轻的后母商量，却不同意，因为沙市没有高中，上高中要到武汉去，一个女孩子自己去那么远，他们不放心。以后，我单独跟父亲一再要求上高中，父亲说："你想去上高中，我很高兴，但是很担心你一个女孩子家，到人地生疏的大城市，我实在是不能放心，而且你从来也没有单独出过远门。”

可是，在我初中毕业的女同学中，也找不到一个想到武汉上高中的，最终我暗下决心，路要自己闯，一定要到武汉去读书。看我决心已定，父亲给了我二百块大洋，这个数目在那时是不少的，我很高兴，特别感激父亲。就这样，我一个人提着简单的行李上路了。

从沙市码头乘船到武汉，我买的比较便宜的统舱票，人多，非常拥挤，空气也不畅通，我觉得头痛发晕，想呕吐，真难受。一个好心的中年妇女，走到我的面前说：小姑娘，有点晕船吧。她给我一片药一杯水叫我吞下，一会儿，我觉得舒服多了。她又问：你一个人出门，家里放心吗？经过两天半的时间，终于到了汉口码头。

汉口真热闹，人来人往，满眼都是陌生人。码头上有一群黄包车夫，争先恐后抢着我的行李。把我拉上车后，车夫问，小姑娘上哪儿去？我一时答不出，我也不知道旅店名称，于是说，你就拉我到附近的旅店。车夫拉我转了一圈，大约十来分钟，他说到了，我问多少钱？他说十元，我说，仅仅坐十来分钟车，车票钱要得太贵了吧。车夫大声喊：坐车不给钱行吗？正当我和车夫争吵时，旅店老板出来了，“小姑娘，你就给他十元吧。”我没有办法，只得照付，心里觉得很不舒服，大城市的人这样厉害，十分钟路要十元钱，今后这两百元怎么够花，心里一阵着急。老板看我痴呆的样子，他说：小姑娘你是第一次来武汉吧？我点点头，说是的。老板说，武汉码头车夫是有名的厉害，抢着你的行李拉着就跑，不讲车票钱，到目的地要多少钱就得给多少，你不给不行，你惹不起他们，他们是一群帮伙，所有外地人到武汉都吃过这种亏。所以有句话，天上九头鸟，地上湖北佬，就是这帮人搞坏的名声，外地人来武汉都怕码头车夫。

十四　应考女高

我住到旅店又发愁了，我只是想要考女高中，但是，我根本不知道女高中在什么地方，也不知道什么时候考，这样住在旅店里，总不是办法，心里很着急。我向旅店老板打听，女二中在什么地方？老板说，女二中不在汉口，那个学校在武昌，还要坐小轮船过江到武昌。他又关心地问我，你家在哪儿？我说在沙市，他叹了一口气说：这样一个小姑娘，到武汉大城市考学，你家放心吗？我苦笑了一下，眼含着泪，想说什么又没有说出来。他很同情我，便说：我给你找个伴吧，你隔壁就有一个姑娘要考学，听说也要考女二中。我听了特别高兴，老板说，跟我来，就在隔壁。他轻轻叩了几下，门开了，一对父女出来，老板介绍说，这个小姑娘就住在你们旁边，她也是来考女二中的，一个人从沙市来，人地生疏，正发愁呢，请你们两位帮帮她吧。她父亲连说：那好，我女儿也有一个伴了。看起来她父亲是一个知识分子，四十多岁，很和气，有礼貌，边说边请我们进房。

他女儿很漂亮，特别热情地说，爸爸我很高兴，有这个小妹给我作伴儿了。她马上拉住我的手问，你从哪儿来的？我说，沙市，她说，我家在宜昌，还说明天就去报名，马上就要考试了，这是省重点女校，报名人多，不知能否录取，真有点害怕。我们又谈了些功课的情况，然后我回到自己的房间，心里终于踏实一些。能有她父亲带路，报名投考应当顺利多了。因为在轮船上没有休息好，这夜我睡得很好，一觉到天明。第二天，她父亲说，你俩就不要去了，我代你俩报上名，你们抓紧时间复习功课，准备应考。我说太感谢叔叔您了。她爸马上说，不用客气，你们都是孩子，我应该帮你，这也是缘分。

记得是在1935年7月1日，我们一同进入考场。开始我心情特别紧张，那女孩很关心我，她说：不要怕，我俩一定能金榜题名。我们都笑了，心情舒畅地进入考场。上午考了两门，数学和英语，下午考理、化，还有语文。晚上回到旅店，我们两人互相讨论了一下，觉得题目不太难，应该考得不错，于是两人都特别高兴。她父亲说：我预先祝贺你俩金榜题名，今天晚上我请你姐俩吃饭。

在吃饭时，她父亲顺便问起我家的情况，父亲叫什么，我说李寄尘，他一听，又问了一遍，你再说叫什么？我重复说，叫李寄尘。他马上说，哎呀，真巧，他可是荆沙有名的书法家，我也爱书法，曾去拜访过他，想不到在这儿会见到他的女儿。就你一个人来的么？是啊，他老人家可能很不放心，你快写信回家报告喜讯，考得不错，又遇上他的学生张叶，不知道他还记得我这个学生不？

省女二中发榜了，我俩都榜上有名，终于考取了，两人高兴得抱在一起。多少天的苦和累，马上变为欢乐的笑容。过了几天，我和她一同进入武昌省立第二女子高中。上高中的喜悦使我郁郁的心情有些宽慰。

十五　转到武昌同仁高级助产职业学校

在第二女子高中大概上了两三周的课，我忽然听说了武昌同仁高级助产职业学校招生的消息，那里仅招五名经过高中考试录取的学生。该校一切膳食和住宿全免费供给，每月还发十五元钱，毕业后安排工作，学制三年。我动心了，我想去。一是因为我觉得高中毕业考大学太难了，我的两个表哥和他们的同学，高中毕业要在家复习几年才能考上大学，况且在沙市还没有女孩子上大学的。再有，这个助产学校毕业就有工作，可以独立生活，不要靠丈夫养活，这是妈妈从小教育我的。这样我下决心，转到了助产学校。

美国圣公会医院1905年在武昌花林开始培训看护，招收女学生入学，1918年医院迁至平阅路显宦花园内扩建，命名为武昌同仁医院，护校改称武昌同仁高级护士职业学校，由医院医师兼任教员。课程有体学、体功学、卫生学、药科学、内科看护法、畸形外科、饮食学、缠带学、揉捏法、圣经、英文，还有产科、妇科看护法、儿童看护法。

进入助产学校第一天，我就感到新的生活开始了。这里环境很优美，绿树成荫，鲜花盛开。这个学校对学生待遇很优越，我们一班只有五个学生，宿舍宽敞明亮，生活用品俱全，有两个男女佣人照顾我们，伙食很好，一日三餐，营养丰富，都是免费供应，每月还发给生活费。

学校派一位五十来岁的老护士带我们五人授课及临床实习，就像现在学校的班主任。这位老护士是独身，人们都称她“胡小姐”。她介绍我们的几个教师，都是老护士，在三四十岁左右，不称老师，一律叫小姐。老师对学生也称小姐，不喊名字。有几个美国老护士也一样叫她们小姐，医院不叫大夫，叫某某医生。一般上午在病房门诊实习，下午上课。

第一天，胡小姐领着我们五个学生介绍参观整个医院，这是一个有两三百张病床的大医院，在那时设备较全，都是从美国运来的，病房都很整洁明亮。

我们看到这个医院等级森严，医院院长是一个美国女医生，是最高的权威，她是一个妇产科专家，大家都很尊敬她。她提出医疗诊断手术意见，医生护士都得无条件执行，不能有提问和意见。

这个医院对医生待遇很优越，每个医生住有别墅，工资比护士高六七倍，那时医生工资是一百五十至三百元，护士工资是三十至六十元。

这所学校是美国教会办的，所以工作人员都是基督教徒，我们这些学生也得入教，每天早上七时由胡小姐领读圣经，吃饭前要做祷告。

上午八点进病房实习，由美国护士长领唱赞美诗，然后看医生查房。医生穿得很整洁，面带微笑进病房，首先向病人说早安，然后开始检查病人，问病人睡得好不好？食欲好不好？有哪里不舒服？然后很仔细检查病人身体，大约每个病人需要十到二十分钟才能检查完，再开医嘱。护士给病人打针、服药等治疗都非常仔细，问病人痛不痛。她们个个脸上都带着微笑，和病人谈话都很亲切关心。开始一两个月，不让我们学生给病人做治疗，如注射换药等。他们对病人很负责任，不能让病人感到不舒服和疼痛。我看到有些常来医院看病的人，见了医护人员就像见了亲人一样熟悉和喜悦。

武昌同仁高级助产职业学校

我们学生有一次到手术室观看院长做手术，忽然产妇大出血，急需输血抢救，查血型是AB型，院长说：抽我的血，我是AB型。一些AB血型的医生护士也都争着献血。她们对病人既认真又热情，使我们初进医院的学生很受教育和感动，逐步知道应该怎样做一个合格的医务人员。

每天下午由医生讲课，生理学、病理学、解剖学等，老护士给我们讲护理学、饮食学等。

我们学生平日不让出校门，买东西由佣人代买。星期天有十二个小时的休假，早八点出，晚八点回校，有答到本子，不能超过时间。

十六　抗战中的四姐妹

“九一八”后全国人民仇恨日本，抗日救国，爱国热情很高。人们抵制日货，唱救亡歌曲，尤其青年学生很活跃，组织抗日救国歌唱队，演短剧，那时演的最多的是《卢沟桥》和《放下你的鞭子》。抗日救亡歌曲《松花江上》，许多学生边唱边流泪，愤怒高喊打倒日本帝国主义，把侵略者赶出东三省……

直到今天，想起这些，《松花江上》的悲伤旋律就会在心中回荡：

我的家在东北松花江上，
那里有森林，煤矿，
还有那，满山遍野的大豆高粱……

我那时同几个女高好朋友一起，也参加宣传队，经常上街唱歌宣传。我们四姐妹是：王良顺、穆天真、欧静安和我。当时我们曾宣誓今后有福同享，有难同担。七十多年过去了，到现在天各一方，不知道几位姐妹们怎么样了。经历了战乱和各种运动，各人生死未卜，活到我这个年龄，九十多岁的恐怕不多了。

我那时是四人中最小的，对我的家庭及幼年不幸的经历，她们都很同情，所以她们几个对我特别关心。她们知道星期日只能有十二小时休息，每周都提前为我做好了安排，什么时候到什么地方吃饭，到公园看花，上街参加宣传抗日等活动，使我感到生活很充实幸福，心情也逐渐开朗起来。

晚上回医院宿舍后，经常是王良顺陪我，同我睡在一起。她经常给我讲解放区的情况，说那里自由民主，人人平等，没有压迫，一夫一妻婚姻自由，她说延安是圣地是人间天堂。我越听越感到向往，我能到那儿生活多幸福，我问，延安在哪里，我能去吗？她常常回答我说，要等机会。现在想来，她可能是地下共产党员，因为找她的男友有好几个，她总说是她表哥、表叔等，我们几个女孩对她亲戚那么多都有些疑问。

在学校二年级时开始单独操作接生，做产前检查，治疗妇产科一些常见疾病，有时我们还出诊接生。我记得最多的是，到武汉大学为教职工妻子接生，到她们家里招待得很热情，因为观察产程时间都比较长，一般都招待我们吃饭，很讲究，有时是西餐，吃中餐时菜做得比医院好吃，丰富多样，色香味俱全，所以我们都愿意出诊接生。教授家里房子很宽敞，布置得很华丽，那时与她们夫人问谈，教授们工资都很高，月薪二三百元。我们心想毕业了工作，每月工资三四十元，相差太悬殊，有同学开玩笑说毕业了就找一个教授结婚。我却想那不可能，因我们都不到二十岁，而教授一般已经三四十岁了。想不到十年后，我丈夫金传炳已升为教授，时年三十岁。想起来自己命运还不错，苦尽甘来。

在那时我也很羡慕当医生，不但待遇高，而且比护士助产士受病人尊敬。但也叹自己这一生只能到此为止，能挣钱养活自己，不依靠男人，当好一个助产士，也应该可以了。谁成想我十年后能够在医学院毕业，成为一名医生，真是梦想成真。当然这得感谢我的丈夫金传炳的帮助，给我补习，才能考上大学医学院。

有一次我同一个下一班同学出诊接生，遇到的是臀产，很难处理。婴儿容易缺氧窒息，甚至死亡。当时我心情特别紧张，这是一个小生命，万一发生危险，人命关天，责任重大，医院要给处分，家属会哭闹不休。这时我稳住自己的情绪，冷静下来，想想曾经从书本上学过的接臀产的技术，终于在助手配合下，婴儿顺利产出。婴儿哭了，产妇笑了，我和助手也松了一口气。回到医院后，受到我们的班主任胡小姐的夸奖，说你的接产技术毕业了。

记得第一天胡小姐就对我们几个学生说：医院如同病人的家，为他们医治疾病，减轻痛苦，让他们感到家庭般的温暖和幸福。首先我们作为一个护士或助产士要有爱心、同情心、责任心，还要注意自身仪表。这就要求你们不但服务态度好，还要有整洁的仪表，让病人看见我们有一种美感、好感、亲近感。因此要求你们在上班前，穿好整洁白色工服，化淡妆，略施脂粉，面带微笑，步伐轻盈。你们知道白衣天使在哪里？就是我们这一群姑娘。我们都高兴地笑了。

从此，我的生活发生很大的变化。在初中三年里，我没有照过镜子，从不知道打扮，也未看见过脂粉。到了助产学校，因为胡小姐要求，我们上班前都对着镜子化妆，擦脂抹粉，对着镜子微笑，我的心情逐渐开朗了。尤其四姐妹的爱温暖了我凄冷的心，不幸的阴影在我的心中淡化。我爱看电影，心中也激起抗日救国热情，周休时同四姐妹上街宣传，演街头剧。

在助产学校三年里，使我最难忘的是圣诞之夜。圣诞节前两天，医院里护理人员和医生们都兴高采烈地忙碌起来了，特别精心装扮圣诞树。因为在圣诞之夜，每个病房，每个家庭都要有一棵圣诞树，要求树枝挺拔，树叶碧绿，上面装上小灯泡，闪烁发光，还挂上各种小玩具，如小猫、小狗、糖果、巧克力等。

当圣诞之夜降临的时候，大约夜间两三点钟，我们这一群小姑娘——白衣天使，穿着洁白的工作服，化妆尽力美化自己，那也是比美之夜。大家手里拿着点燃的蜡烛，唱着赞美歌：平安夜，圣善夜，寂静中，光华射，耶稣基督诞生，耶稣基督诞生。边走边唱，到每位医生老师家门前报佳音——耶稣基督诞生。这时圣诞老人出来了，迎接白衣天使。圣诞老人穿着鲜红大红袍，头戴红帽，雪白的长胡须，手里提着一包圣诞礼物，发给这些白衣天使。有吃的糖果，有玩具，有化妆品等。当我们回到宿舍时，已经是黎明时分。

1937年7月7日，抗日战争爆发了，接着天津、北平、上海、杭州、苏州等城市相继失守，日本飞机一批接着一批来武汉轰炸。那时，我们这个班课程已讲授完了，还有将近一年时间，要临床操作，主要是接产，给做手术的医生准备医疗器具，做门诊妇科检查和治疗等工作。

在1938年7月，学校进行毕业考试，考临床实际操作及学过的书本知识，我以较优良的成绩毕业了，获得助产士学历。

十七　从武汉逃亡到重庆

我在助产学校毕业的时候，日军已迫近武汉，武汉要沦陷了。同班同学王功珍说：我们快到重庆去，我们还年轻，只要活着，就有希望。她与我讲了朋友说的南京沦陷后的惨状，日军在南京野蛮放火抢劫，大肆屠杀妇孺老幼，惨遭杀害的中国人有几十万人。我听后惊心动魄，决心同她上重庆去。她还告诉我，她男友在汉口银行工作，有专船上重庆，今天就要开船，我们赶快收拾行李吧。

当我们提着行李赶到码头，那里已是人山人海，挤满了人。有成千上万的流亡学生，有扶老携幼的人群，都想往船上挤。还有许多人群失望地等下一批船，还不知什么时候来。我俩看到这种情况，既同情又无奈。正在这时，我们看见一只写着汉口中央银行的船缓缓靠近码头，王功珍说，船来了。跳板上还站着两个警察，手里拿着枪，非银行职工一律不准上船。这时一位男青年说：她们是我的妹妹和家属，这样我和王功珍才上了船。

船内住满了人，每个人有卧铺。船上的气氛很沉闷，没有谈笑，有的在抽烟，有的拿着一瓶酒在喝酒，因为他们都是忍痛离开妻子、儿女、父母和家乡。还有两个男人站在船外栏杆边向东望，因他们惦记着要临产的妻子，患心脏病生命垂危的老父亲。在这一船里，每人都有牵挂和思念。这时听到一个女孩子带着哭声在唱："我们永远相爱，天荒地老永不分开……"有人议论说，真是"商女不知亡国恨……"她的母亲听到大家的议论，忙解释说：我的女儿神经受了刺激有些错乱，她的爱人在昆明西南联大上学，放暑假到武汉看她，不料在这里被炸身亡。本来小两口重逢特别高兴，没想到转眼生离死别，从那天起她就不停地唱这个"我们永远相爱"。大家听后对这个姑娘深表同情和惋惜，更增加了对日寇的仇恨。

船内还有卖零食小柜、烟酒茶糖糕点等，有桶装饮用水，伙食一日三餐是免费供应，每餐菜饭像宴席样的丰富。可人们心情不好，没胃口，每餐都剩很多，厨师全都倒长江里了。那边我看到一些民船上挤满了人，靠近一个小镇，河边有许多小贩卖各种小食品，有烧饼、馒头、煮鸡蛋等，都是一元一个。还有一碗碗的水，水是二元一碗，一会儿就抢空了。小贩又运来一批，供给船上饥渴的人群。我们乘的船与民船形成鲜明的对比，我想起杜甫一句诗："朱门酒肉臭，路有冻死骨。"此时是战争造成这种特殊情况。

船行得很慢。因上海沦陷后，日本军机集中火力轰炸长江船只，船只能在夜间无月光的时候行驶，白天驶往江岸有树木地方掩护慢行，船顶上还布满了树枝树叶伪装。

船内气氛太沉闷，王功珍说，上外面看看。这时我们有时间谈话了，我问她，你那银行的爱人是什么时候认识的，我怎么不知道。她答，时间仓促，来不及告诉你。她说，是昨天我们医院张医生介绍的，说是他弟弟在银行工作，是昆明支行行长，他们有船上重庆，昨天见了一面，两人还谈得很愉快。我不解地对她说，太仓促了，可靠吗？她说，没办法，现在家回不去，我又不想去工作，只想找一个靠山安安稳稳过日子，不像你，一心想自己挣钱养活自己，不依靠男人，那一辈子太辛苦了。我叹了一口气，心想人各有志，各走各的路，因在三四十年代，妇女参加工作不多。

我们靠着栏杆，看见长江的水特别浑浊，有大量船舶的残骸漂在水面，还有人的尸体。都是载满了人的船，遭到日本飞机轰炸后，连人带船一起毁灭。战乱之中，人们的生命像蜉蝣一样，轻微，短促，朝生暮死。王功珍说，我们的船也随时都有被炸的可能，只有听天由命，活一天算一天。

我们的船慢慢前行，经过十五天提心吊胆的航行，终于到达战时首都——重庆。

我要与王功珍分别了，我们同学三年，朝夕相聚一起，情同手足。我很同情她的婚姻不幸，她很美丽，天生丽质，人见人爱，真有羞花闭月、沉鱼落雁之貌，可是红颜薄命。大约在我们上助产学校一年级时，她的爱人是中国飞虎队飞行员。那时抗日战争未爆发，谁也感受不到战争恐怖，而飞行员则是少女向往的英雄偶像，

父亲李宝常书法

尤其是曾在美国训练的飞行员。王功珍年轻美貌，那个飞行员也是英俊潇洒，风度翩翩，当俩人走在一起时，人们都投以羡慕的目光，争看英雄美人。他们经一年恋爱，订婚成为未婚夫妇，并准备我们毕业后，就举行空中婚礼。可是抗日战争全面爆发后，她的爱人在一次空战中以身殉国，那时王功珍伤心欲碎，几次想自杀，被人发现相救，才终于活下来。

王功珍要同她新交的爱人到昆明去。我们要分别了，我祝愿她幸福美满，她说，到昆明一定告诉我她的情况。她知道我三姐在重庆的地址，可是后来三姐搬迁了，我们从此失去联系，已经七十多年了，始终渺无音讯。

十八　嘉陵江畔

船到重庆已是晚八时，我想象中重庆是战时首都，一定很繁荣，灯光闪烁，人才齐聚，没想到现在它是敌机轰炸的中心目标。眼前的重庆一片灰暗，仅仅有几盏引路的小灯，可是人很多，在茫茫人海中我打听三姐地址，都是回答对不起，不知道。我慢慢明白了，他们都是外来人，我得找警察。我终于找到一个穿警服的人，他很负责，一直引我到马蹄街八十八号。他说，到了，我说，谢谢。

我叩了三姐的门，里面无人应，从门缝看里面是一片漆黑。我心里很失望，又很害怕。这时一位五十多岁的妇女从对面屋子走出来，她问，姑娘，你是找蒋家吗？不等我回答，她便说，她们昨天已搬到重庆乡下去了，却不知去了什么地方。她看我站着发呆的样子，说你不用着急，你就住在我家吧。顿时，我害怕露宿街头的心一下轻松了。我随她进入房间，她的丈夫马上站起说欢迎，欢迎，你是从武汉来的吗？多不容易，快坐下休息。他看我满脸汗水直滴，七月的重庆是个大火炉，太热了，他说快点冲个澡吧，凉快一些再吃饭。当我洗完澡，一碗凉面条，一杯凉开水，还有几碗小咸菜，已经准备好了，心想这家人替一个陌生人想得太周到了，使我心里感激得不知说什么好，真像到了家一样温暖。

当我吃完饭，这位像老师模样的先生问我，你一个来重庆么？我答，有一个同学她到昆明去了。他说你就住在我们家里吧，我说太谢谢了，给你们添麻烦了。他说，我们明天就搬到重庆乡下，这儿轰炸太厉害，你可小心，听到警报就快进防空洞。这一夜我睡得很好，一觉醒来房子都空了，家具都搬走了，那位老太太还坐在门口。她看我起来，忙问，睡得好吗？我答，谢谢，很好，谢谢你们的照顾。她家夜间搬家了，因白天警报轰炸不断。她给我一把钥匙，还给了二十元。我含着眼泪说，你们这样热情照顾我，使我不致露宿街头，我真不知怎么感激你们才好，钱不能收，我现在还有钱。她又交代说，听见警报，快进防空洞，这房子靠不住，我打听到你的三姐就告诉你，我感激得流泪与她告别。

她走后，我立刻上街去找工作，因上午重庆有雾，敌机不能来轰炸。街上人很多，多半是青年男人和流亡学生。许多高楼大厦都倒了，露出竹竿，因四川产竹，以前建楼和房屋，不用钢筋，用竹竿代替。一会儿警报响了，我随着一群人躲进了防空洞，可是里面人挤人，背靠背，天气又热，通风不好，很闷，我感到头昏，想吐。只见一个老太太吐了旁边的人一身，这样时刻，谁都不说什么，虽然老人连连说对不起。我觉得太不好受，想蹲下来坐地上，可是因为太挤，蹲不下去，真是活受罪。大约过了两小时，警报解除了，我走出防空洞，觉得舒服多了，因为我还没有吃早饭，就到一个小店，买一碗面条。面条刚端上桌，警报又响了，人们又奔向防空洞。我站在防空洞旁边不想进去活受罪，有一个中年男子拉着我的手说，你想找死啊，把我推进了防空洞。这个防空洞人比较少，还有木条椅可以坐，空气也比较好，马上听到轰轰隆隆爆炸声，连续不断，震耳欲聋。那男子说，不进防空洞，外面很难活命，昨天号外说是一百七十架飞机，地毯式的投弹。我说，叔叔，谢谢您救了我一条命。他说，在这种情况下，不要谢，互相帮助是应该的。这时他打开他的背包，里面有几瓶水，还有一包包的点心，他说，请吃吧，不用客气，递给我一瓶水和一小包点心。我正饿，就不客气地接过来，说了一声谢谢，吃了起来。吃完，他还要给我，我说已经吃饱了。我心里很感动，中国人有着助人为乐的传统美德，与日本人乱杀妇孺老幼的野蛮残暴形成鲜明的对比，更加深了对祖国的热爱，对日本人的仇恨。

他又问，你一个人来重庆么？我说是，我想在重庆找工作。他问，你有学历吗？我说，是助产学校毕业。他说重庆这样轰炸，谁敢在这儿生孩子，你要找工作，可以暂时改行，现在夜间大的餐馆需要人洗碗、上菜、做卫生，因为人们白天躲警报，夜间吃饭人多，你可试试。我走进一间较大的餐馆，到服务台前，看到一个中年男子在打算盘，我壮着胆子上前问：您们这里需要工作人员吗？他抬头看了一下，是你来找工作吗？我说，是，他站起来，走出柜台，说到那边谈谈。他问了我的学历，年龄，并答应让我做餐馆的服务员，具体工作上菜做卫生，免费伙食，每日工资一元，工作时间八小时，白天有空袭，要夜间上班，晚八点上班，到第二天早四点下班。我心中很高兴，答应了这份工作。我很轻松地回到住处，心想，暂时生活不愁了。

晚上我去上班，领班的是男人，要我给客人上菜。我端上一盘，很客气地说：先生，请。那位客人是一个中年男人，他很不客气地对我说，给我倒杯酒，我照做了。他说：还倒一杯陪我喝。我说：我不能喝酒，马上还有菜，我去为您端来。我走出来遇到一个男服务员，我说：先生，我肚子痛，要拉稀，厕所在哪里？那人说，在外边，店内没有厕所。这样在黑夜里我跑回了住所，心跳得很快，我怕他们追我。馆子里都是男人，没有一个女人，我明白了，来重庆逃亡学生都是男性，满街都是男的，女的几乎看不见。在三四十年代，家里父母不会让女孩子单独出门，所以那个馆子是要我当女招待，我想起王功珍说的，女人自己挣钱养活自己太辛苦。女人找工作，不仅辛苦还可能被骗，在那时情况就是如此。女人在机关工作是当花瓶，供男人们取乐，服务行业就是当女招待，在学校教主课都是男教员，女教员教教音乐、手工劳动、刺绣、剪纸等，因那时中学是男女分开的。

这一天是在防空洞度过的，很累，又加上找工作被骗逃跑，真是心力交瘁。一个人在空洞屋子里，不能开灯，点燃一个小油灯，火苗闪闪，像鬼火一样，更增加了恐怖感。我害怕，又很疲倦，躺在床上，天气太热，七八月天重庆似火炉，加上蚊子又多，不能入睡，肚子也饿了，一天只吃一块点心和一杯水，我想不如到江边吹吹风。

走到嘉陵江边，有几个人在那里谈笑，我找了一块石头坐下。

浩浩荡荡的江水，也冲不去我心中的阴郁忧愁。

我愁生活无着，我怕回到那空洞黑暗闷热蚊叮的屋子里。

我好孤独无助。

十九　挂牌开诊所

夜色中的嘉陵江边，我孤零零一个人，走着走着，慢慢走着。

忽然，一个老年妇女拍着我的肩：这不是长慧么，你怎么一个人在这儿？我一看见她，原来是我同学刘玉萱的母亲，我什么话也说不出来，只是激动得伏在她的肩上哭了。她说：今天天气太热，我出来到江边吹吹风，没想到遇见你，快同我一起上家里去吧，玉萱也没有找到工作，正想找你和她一起挂牌接生呢。我高兴得跳起来说，你老人家真是救了我，若再过两天，我走投无路可能就随水而去了。她说，真不知你也来重庆，让你一人受那么多的苦，好了，咱们回家吧。

她们家就靠江边，一进门，刘玉萱就抱着我说，怎么让你一个人逃亡在重庆呢。王功珍跟着新爱人上昆明了，我解释说，我三姐原是在重庆，她以为我有三姐照顾找工作，我俩都不知道三姐已搬迁重庆乡下了。现在好了，有你和伯父伯母，我也有个家了，不致流落街头。我和刘玉萱开始商量挂牌接生的事，要选好地址，重庆不断遭轰炸，连我们都得迁往重庆乡下。听说合川是比较大的地方，从长江下游逃到那里居住的人多，我们要营业，太偏僻，人少的地方不行，于是决定第二天我俩就到合川看看。

合川确实比较繁荣，商店多，来往的人多。看到一所楼前的牌子上写着陈君卜诊所，刘玉萱说，要取执照，还要申请卫生部批准，手续很麻烦，没有熟人，半年一年都批准下不来，不如找这位医生，在他名下挂出我俩助产医师名字，所得接生费，可以分他一份，这样我们就可很快开业接生了，不知这位医生是否同意，咱们进去问问。我俩壮着胆子走进诊所，陈医生笑脸相迎，两位小姐来看病吗？请先挂号。我们说：不是看病，是想求您一件事。我俩都是刚从武汉同仁医院助产学校毕业，在武汉沦陷前逃亡到重庆，因重庆连连轰炸，我们又来到合川，但我们人地生疏，如果单独办执照可能比较费周折，所以我们想在陈医生诊所挂牌接生，不知陈医生是否同意。他说，让我考虑一下，明天答复你们，同时请你们明天拿毕业证书来。我俩回到住所很高兴地告诉她妈，陈医生可能会答应。第二天我们很早就去了，见到陈医生，他就笑着说，我很高兴同你们合作，给我诊所增加光彩，具体分成三七开，如果你们收入一百元，给我三十元，这叫三七开，你们考虑是否合适。我们马上回答同意，于是我们就回去准备医疗器械，筹备开业。

陈医生还为我们做了一块牌子，上面写着刘玉萱女助产医士、李长慧女助产医士。牌子一挂出去，在合川就像新闻一样传开了，诊所前有许多人要看看这两位女助产医士，有的老太太说，这两个青年小女娃，自己还没有出嫁生孩子，怎么有经验接生呢，不行。也有一些外地来的男人，他们看了牌子说太好了，我太太怀孕正愁没有安全地方生孩子，到重庆的医院又怕轰炸，这样方便多了，又安全，又是新法接生。尽管当地人一般不找我们接生，她们仍找接生婆，并说接生婆有经验，但是来合川逃难的江浙人多，所以我们的生意十分兴隆，一天有时要接生两次孩子。我们到她们家里，都很热情招待，这些产妇大多数都没有较高的文化，一般都是小学和初中毕业，高中毕业的少，大学毕业基本没有。她们很羡慕我们，能独立生活，不依靠男人，在家庭也有地位，不致成为男人附属品。还有的问，我们有没有爱人，争相要给我们介绍。

我们的诊所开张大吉，第一个月就挣了三百元，在那时是一个不小的数目。按照合约与陈医生三七开，分给他九十元。这时我们对业务也逐步熟悉了，就和刘玉萱母亲商量，自己独立开诊所。她母亲很能干，经过一个多月，就办好了卫生部注册批准，房子也租好了，还买了些家具，我们又很高兴地迁入新诊所。

独立行医之后业务还是那样好，我们还请了保姆做家务。因为我们挂牌执业，名字在外面，每天总接到一二个人给我俩的求爱信，弄得我们心绪不宁，也觉得麻烦。在那个时代，像我们这样中专毕业的女性也很少，很多人都投以羡慕的眼光。

就这样，成天忙忙碌碌约一年，诊所突然被炸，房屋倒了，所幸人员没有伤亡。刘玉萱已有一个爱人，是军官，他们准备结婚到外地。这时正值暑假，我表哥任大年在四川乐山武汉大学，放暑假来重庆看我，都聚集在老朋友刘曼华家中，这样一段开业接生的生涯就结束了。

好多年后，我读到父亲的一组律诗，才知道那个时候他老人家也逃难到了重庆及合川，同是天涯零落人，结果父女还是咫尺天涯。父亲的诗，情真意切，悲愤满腔，正是乱离年代和战祸中人心境的深切写照。

己卯暮春，余挈眷避难入蜀，经渝，适敌机狂炸，其破坏惨状，目不忍睹，乃上游合川，赁屋以居，感而赋此。

仓皇烽火逼残春，买棹移家蜀水滨。
十二巫峰笼夜月，千寻剑阁绝飞尘。
已拼骨肉填沟壑，妄冀琴书护鬼神。
侥幸乘风登彼岸，惊心已是再来身。

惶恐才经十八难，抛开舟楫入渝关。
崔巍楼阁成灰烬，颓坏墙垣溅血斑。
罗雀已空廷尉宅，沐猴犹戴楚人冠。
嗷鸿遍野浑闲事，我独衔杯泪暗弹。

浩劫红羊遍大千，关河梗塞复经年。
羁人每恨无容地，逆寇何堪共戴天。
万里悲风嘶战马，半山凉月听啼鹃。
黄龙痛饮知何日，呼起同侪猛着鞭。

轻泛嘉陵江外舟，自憎潦倒负清游。
泉温腻滑堪宜夏，禾秀迷离空有秋。
野灶炊烟穿破壁，荒营暮雨逼高楼。
缙云山色空蒙里，何日登临一洗愁。

父亲李宝常书法

二十　我与刘曼华

因放暑假，我表哥任大年要到重庆来看我，他先到了刘曼华家中，我向同伴请了假，也到刘曼华家与表哥相会。不料我离开合川诊所第二天，诊所被日机所炸，房物器具全毁于一旦，所幸没有人员伤亡。这是刘玉萱的母亲在诊所被炸后，来刘曼华家中告诉我的，她给我送来一箱衣物，这衣物是因防轰炸存放在邻居地洞里，才保存下来。她说，她女儿准备与一个军官结婚离开合川，看来被炸的诊所恢复也难，一个人无助手，所以将我的衣物送来。她准备到她的小女儿家去住，又很关心地对我说，你就暂住在刘曼华家，再找工作有困难告诉我，我会尽力帮助你的。我说，谢谢您伯母，您多保重。

刘曼华是我的一个好朋友，同我们家也是世交，我爸和她爸是诗友，经常在一起切磋诗文。她家开糖厂，生意兴隆，盈利很大，曼华是家里的小女儿，从小娇生惯养，父母和哥哥姐姐都像宝贝一样宠着爱着，因此她脾气很大，不顺心就发脾气。

曼华尽管脾气大，可是对我却很好，这也是缘分吧。记得我还在读助产学校时，放暑假回到沙市家里，一天她到我家送他爸写的诗稿给我爸看，当时我穿着一件白色连衣裙，是助产学校工作服，她一眼看到我就赞美说：好漂亮的白衣天使！接着握住我的手，撒娇似地说：好姐姐，我真喜欢你。她要我给她讲学校和医院的事，晚上还要住在我们家，同我睡在一床。她家把她当宝贝似的，派佣人来接她回去，怕她晚上着凉，因她睡觉爱掀被，可是她却一定要在我们家里住，吃饭睡觉都在这里。她家怕她吃不好，每天都要送来精致的饭菜和各种点心，就这样，一个暑假很快就过去了。

她那时上初中，要开学了，她依依不舍地离开了我。我到学校后，就接到她给我的信，内容像情书一样，她的文笔好，写得生动感人。她差不多一星期要给我写两三封信，而我因为学习忙，一两个星期只能回她一封，有时她生气，说我没有把她放在心上。她曾对我说，有一个教师看她总写信，问她给谁，她说，给一个我爱的姐姐，我的初恋的情人。老师劝她说：别将青春蜜样的热情洒向茫茫的青天。

她从小经父母之命已与一个当地财主儿子订婚，是娃娃亲，那财主家给刘曼华的订婚聘礼是一斤黄金制成的各种首饰。几年后，刘曼华初中毕业，财主家要求娶亲迎新娘，不答应就抢婚，这样刘曼华和她父母都很着急。她在一位叫陈破读的朋友的大力帮助下，

刘曼华（右）保存的1940年春天我们在重庆的合影

好不容易退掉了这场婚姻。陈破读和金传炳也是好朋友，他考大学时传炳还帮他补习过功课。经过退婚的事，刘曼华和她父母都很感激陈破读，从此两人感情迅速升温，如胶似漆，形影不离。陈破读对刘曼华宠爱有加，百依百从。两人大学毕业后，就举行了盛大的婚礼，刘曼华觉得很幸福。

但结婚后两人过日子，为了柴米油盐却时常发生争吵。那时他们在上海，外面世界很精彩，灯红酒绿，少女们打扮得华丽漂亮，刘曼华常自己做主买一些高档时尚服装，这样过日子钱就不富裕了。陈也不像婚前那样对刘百依百从，而是常说她不应这样浪费，使得入不敷出。他就提出两人的工资个人自己掌握，生活两人共同承担，就像现在实行的AA制。这样他俩每天到晚上就算账，以前是拿着算盘用笔记，后来是拿计算器算，如，今天邮了一封信，那时市内邮票四分钱，这样每人出二分钱。他们的账算得很细，谁都怕吃亏，算来算去夫妇之间感情越来越淡漠，常为钱争吵。

有一次，刘曼华到外地开会，陈私自打开她锁着的箱子，翻阅她的日记，发现了里面的许多内容，如称赞某某人对妻子真好，常买一些名牌服装给妻子，又如称赞某某人长得真帅，某某真优秀、德才兼备等等。陈看了以后大为不满，认为刘变心了，对他不忠，但刘曼华并未红杏出墙。可是陈从此常骂刘是淫妇、无耻，曼华经常给我来电话诉苦，不堪忍受陈的辱骂。我看他们多少年都是这样，就劝他们离婚，可是陈坚决不离。大约二十多年前，儿子接他们去了美国。我想到美国后，由于美国风俗习惯，可能改变陈的思想，

2010年秋，我和刘曼华（左）在北京相聚。前后两幅照片跨越了70年岁月

同时两人都已经步入老年，应该逐步缓和了。但到美国后，陈照样骂刘，儿子为了解决他们之间的矛盾，给陈另租公寓去住，但陈仍常回家，两人相见，还发生冲突。

2010年秋天，刘曼华回国，我们在北京相聚。她对我说，在美国物质条件很好，别墅、花园，儿子很孝顺，愿意到什么地方旅游，儿子都亲自送她往返。可是因为夫妻关系太差，她都不想活了，因为心里太痛苦。我觉得陈可能属于精神疾病，这一对老夫老妻真是吃饱了撑的。这大概就是常言说的，不是冤家不聚头吧。

二十一　我和金传炳四年后重逢

在抗日战争年代，国破家亡，人们更珍惜友谊相聚。那时正值放暑假，因此往日的同学都到了刘曼华家中。在众多男士中，有任大年、任迫衡、陈破读、周忠延和金传炳。我一眼看见了金传炳，四年不见，他此时的形象更使一个少女心动。白色的短袖上衣，米黄色的短裤，健壮的体魄，儒雅风度，英俊潇洒。这时正是晚餐的时候，曼华家里招呼我们吃家乡湖北特产豆饼，大家都起身到楼下去了。我洗完澡正在梳头，金传炳一直未起身，呆呆地看我梳头。以后他告诉我，当时他心想，在荆州四年朝夕相处，未曾说过一句话，没打过一次招呼，那个不爱讲话、不爱理人的瘦弱小女孩，怎么变得这么快，眼前已是一个亭亭玉立漂亮少女，心中浮起爱慕。但一想到她是自己好友的未婚妻，马上从幻觉中醒过来，起身去吃豆饼。我那时也不敢正面看他，内心里有一种害羞的喜悦感，但从眼的余光中看他是在欣赏我梳头，这是我一生最幸福的一刹那。

天气热，男人们都到井边去擦澡，回来传炳拿着一把绿梳子梳头。陈破读看见，对传炳说，昨天在河里游泳，我将长慧一把绿梳子掉到河里，没有捞起来，你就将这把梳子送给长慧吧。传炳也很喜欢这把梳子，因那时在抗战期间，物资缺乏，一般市场上都买不到。但传炳听说是送给我，很高兴地答应了。他将梳子送到我的手上，并说作个纪念吧，以后不知是否有机会再相逢。我很珍惜这把梳子，经过多次流离失所，我总将它藏在身上，因为它是相爱的象征。以后，我和传炳都特别喜爱绿梳子，见了绿梳子就买，因此我家绿梳子就有三四十把。

在刘曼华家相聚热闹了一天，第二天，传炳请我们一齐去他们家。他家也从荆州迁来重庆沙坪坝，开一家照相馆，是在学校区，大学生很多，他家很热闹，来照相的多。我们听见有的大学生一进门就说，我要同老板娘合影。我们这群人，听到都很惊讶，传炳的妈有这样本领吸引这些大学生照相。一会儿又出来一个很漂亮的少女，皮肤很白，乌黑的头发，浅蓝色的衣裙，原来是传炳妹妹。很多大学生围着她要求合影，一张又一张，我们这群人像看演戏一样，欣赏他们的各种姿态。

这时，有一个着装素雅的姑娘来找传炳，他们一见面像久别的情侣，两人手挽手相拥而行。传炳向我们大家介绍，这是他的朋友袁小姐，是一位记者。随后他俩便离开我们一同出门去了，将我们这群朋友冷在一边。传炳独自和她出出进进，有时去购物买一些水果糕点给大家吃，吃饭时他们也坐在一起，两人举杯对饮，旁若无人，其他朋友像看戏一样很欣赏。我与刘曼华看见她对传炳眉来眼去很不舒服，别人说她的男朋友有四五个，不过她最爱传炳。她的生活方式在那个年代的女孩中很少见，我们觉得这位大记者很轻浮，没有姑娘应有的尊严。这时我对传炳说：我有事，今天想去重庆。传炳表情有些歉意，马上说我送你到车站，那位记者还对传炳说，快回来，我等你。我心想，你吃什么醋，我和传炳只是一般的普通朋友。

站着等车时，传炳很关心地对我说，你还年轻不要急于工作，现在还应补习功课考大学。我心想，有家有钱的人，哪里知道流浪逃亡孤苦伶仃女孩的苦。我回答，谢谢你的忠告。他伸手和我握手，并说希望今后有机会再见到你。车来了，我想今后海角天涯，今生大概很难见面。

几天以后，我到重庆找女伴，路上又一次碰见传炳和他的朋友周忠延。周在沙坪坝重庆大学读书，放暑假与传炳形影不离，他对我印象很好，常羡慕我表哥有这样讨人爱慕的未婚妻。这时他们告诉我，湘雅医学院今天发榜了，看聂传璋录取没有，我们一同去看看。我随他们去看榜，传炳一下发现聂传璋的名字，兴奋地说，聂传璋录取了，真是大喜事，我得快给她寄去两百元作为学费。这时传炳高兴得旁若无人，没有顾上和我打招呼。一会儿警报响起来了，大家就各自分别了。

那时我很羡慕聂传璋能考上名校，又有德才兼备的恋人金传炳。

现在只有这一张金传炳年轻时的照片了

我很清楚聂传璋与传炳，相亲相爱已很多年。四年前我上初中在表哥家时，与传炳住对面屋，他住西边书房，我住东边古董房。每晚传炳给聂补习功课，一直到初中毕业，以后传炳亲自送她到湖南读高中，在经济上是全担负。那时大家知道传炳和聂是一对恋人，但也有议论，聂长得不漂亮，没有女孩子的青春美，不爱说话，最大的优点用功，整天坐着不动学习，成绩优良，就凭这一优点，传炳爱上了她。那时有一群女孩子围着他，因为传炳热心教她们读书，经济有困难慷慨大方给予资助，因此很得一般女孩子爱慕。其实传炳不仅对女孩子这样帮助，对男同学也是同样，因此他在同学朋友中威信很高。

晚上我又回到重庆人和场，想到看榜的情景，既羡慕又无奈。现时自己孤苦伶仃，流亡飘泊在重庆，找不着工作，生活无着，无依无靠。刘曼华家也不可能久住，因为她们是一大家人都逃亡来重庆，父母、两个哥哥及嫂子，生活没有来源，我不能增加人家负担。又想到今生想考大学，尤其湘雅医学院，更是望尘莫及，同时婚姻更觉不幸，因同不爱的人在一起是煎熬是痛苦，生不如死。晚上我在人和场，一般白天我都上重庆市区找女朋友玩，表哥千里迢迢来重庆与我相聚，落得单独在重庆人和场度过，想来也觉得对不起表哥。现在暑假要结束了，表哥也要回校，我想应该与他谈一谈。他问我，你准备上哪儿去，我说想考大学。我知道这是梦想，因为既无学历，又无高中文凭，我就随便说，我想弄一张假文凭。表哥说，周忠延学校有卖假文凭，我听了说，那你明天上传炳家（因周长住传炳家）让周给我代买一张。表哥像领了圣旨一样，一大早就去了沙坪坝传炳家。

真巧传炳因未赶上车，还在家中，表哥对他们说，长慧想买一张假高中毕业文凭。传炳马上说，假文凭好办，主要是能考上大学才行，所以必须先补习高中功课。他马上又对我表哥说，让长慧到我那儿去补习高中课程。周忠延也很赞成，说这样很好，传炳对辅导学习很有经验。传炳说，我明天就走了，如果长慧答应去平越（那时唐山交通大学在贵州平越），你写信告诉我。表哥回来告诉我他们说的情况，要我到传炳那里补习高中功课，我听了很高兴，真是想不到喜从天降，天无绝人之路。我马上对表哥说，我愿意去，你快写信给传炳。

传炳一到学校就接到表哥的信，因那时没有火车，交通仅仅靠破烂的汽车，走走停停，时时要修理，邮车比客车走得快。传炳马上回信，欢迎我去，并在信上详细写了到他们学校的路线。接到信后，我很快准备行李衣物。在重庆的朋友听到这消息也很高兴，都热心地送我一些日用品和被褥等，因在抗战时期，物资缺乏。曼华听说我上平越，她很担心，她说，传炳喜欢的人，是整天坐着不动、爱读书的，如聂传璋似的人物。像你现在这样，整天到重庆去玩，在我家里都待不住，我可以预料，传炳很可能不愿给你补习，最后要你回重庆。到那时你只有对着孤灯，眼望四壁去哭泣吧。

但我还是坚持要到平越——实现我的理想，考上医学院，当一名好医生。

二十二　踏上去平越艰危旅途

我满怀喜悦和希望的心情，开始从四川重庆到贵州平越的长途跋涉。没有铁路，简易公路上只有破旧的勉强能开动的大卡车。记得我于1940年9月15日，提着一小箱衣物上车。车上坐满了男人，当我上车时，人们都用奇异的眼光看我。因为车上没有一个女性，忽然单独一个女孩上车，车很高，手又提着箱子，几个坐着的男人马上帮我上了车，我说：谢谢。有人问，你一个女孩单独去贵州？我答，是。大家七嘴八舌，这样战乱轰炸不断，尤其乘这样的车，道路艰险，冒着生命危险，你怕吗？我笑了，有大家帮助我，我不怕。

汽车发动了三四次才能启动，在弯弯曲曲山路上摇摇晃晃地缓行。有时一边是高山陡壁，另一边是很深的悬崖，车上的乘客都提心吊胆，闭着眼睛不敢往外看，死活只能听天由命。尤其看见滚下山的破车与尸体，更是毛骨悚然。破车还时常开不动，要停车修理。下雨了，就用一块大雨布让坐在车边的乘客拉着遮雨。遇到空袭时，车赶紧开到有树林的地方隐蔽。天黑了，不能开车，就在路边找一个小店住宿。有时候找不着小店，人们就在车上打盹坐着过夜。车上的人们饿了，就在沿途的小镇停下，烧饼、馒头、煮鸡蛋都是一元一个，一碗水也是一元。那时的一元，比现在的几十元还值钱，但是没有法，贵也得买啊。

经过十多天的艰难旅途，终于快到马厂坪了。这天，天已经黑了，就找了一个小店。男人们睡在一块大木板搭成的通铺，女性只有我一个，老板用一块木板与男人的大铺隔开，算是一个单间。这时，来了一个女孩，约十五六岁，还有一个中年妇女伴着她。女孩高兴地说：今天可遇到一个女伴，我每次搭车都没有遇见过。领着她的妇女，女孩叫她姨妈，她姨妈走时对我说：这位姑娘请多关照我的外甥女，她有心脏病。我说：请放心，我一定尽力。

她姨妈走后，我们谈起来，她说，她常搭这种车回家，住一夜小店，天刚亮就开车。还问，姐姐你从哪里搭车？我说从四川重庆。她答，天哪！这样长途大卡车怎么受得了？我说，我身体还好，路上熬了十多天，总算快到了。她又问，你还要到哪里？我说要到平越。她更吃惊了：你到平越去上交通大学？我说，不是，我是助产学校毕业，现在是助产士，我想考医大，当医生，治病救人。可是我没有上过高中，想考医学院，太难了，正好有一个我表哥的同学，他在交大学习，我是去找他为我补习高中功课。她带着羡慕语气说，你真好，有一个好身体，可以继续学习，我患有风湿性心脏病，初中毕业就不能继续上学了。我问她，你小时候，爱发烧嗓子痛吗？她问，你怎么知道的？我说，你现在心脏不好，就是嗓子发炎引起的。答，你说得太对了，医生也是这样说的。我说，那今后你要注意预防感冒，避免引起扁桃腺发炎，若有嗓子痛可到中药店买一些银花、连翘、板兰根煮水喝，清火解毒，平时要增加身体免疫力，还要注意营养饮食，每天吃一个鸡蛋，还应该有半斤牛奶。她说，姐姐你说得真好，早认识你我就不会得心脏病。我说，你还年轻，以后只要注意预防，你的心脏慢慢会恢复的。我俩谈着谈着就睡着了。

一觉醒来，天亮了，我们赶快上车。可车上早坐满了人，就听有的人说，咱们挤一挤，让这两个小姑娘坐下。我们很高兴，连声说谢谢叔叔们。这段路比较好，车开得快多了。

女孩叫张丽丽，她告诉我，“从马厂坪到平越不是天天有车，有时要等三四天，我家快到了，你就住在我家等车，我很高兴和你在一起说话，我们有缘，我看见你就很喜欢。”下车后，我们就一起到了她家。

进门是一个大厅，里面摆满了货物箱子，几个男人在搬箱子，见了张丽丽进屋，大家都齐声说：小姐回来了。张丽丽马上对他们说，今天有客人，通知伙房，做两份好一些的菜饭。她领我进她的闺房，里面布置得很漂亮，光锦明亮。有一张她们全家福照片，她向我介绍上面的人，有她的爸爸、哥哥，还有继母。张丽丽又告诉我，她因患病不能上学，就在自己家的店里管账，父亲和哥哥内外忙着生意。母亲已去世两年，父亲娶了一个年轻的媳妇，整天不在家，在外面打牌看戏，父亲每月给她两百元，还不够花，常常吵闹。这时外面厨师喊，小姐和客人请吃饭了。菜做得很精细，小小一盘盘，色香味俱全，还有那个时候很少能吃到的鱼虾等。

过了一会儿，她哥哥回来了，她向我介绍，她哥哥叫张继善，比她大五岁，高中毕业。她哥哥和我握手，并说欢迎你来我家做客。妹妹告诉他，李姐姐还要到平越补习高中功课考大学。她哥哥马上说，现在考大学太难了，江苏、浙江及南京、上海等地的学生都集中到重庆贵阳这边，优秀人才多，几千人报名才录取几十个，我连续考了两年都落榜了，现在只有和爸爸一起经商。听了他的话，心里更发愁，我高中都没有上过，初中功课已忘记得差不多了，这样能行吗？她哥看我发愁的样子，马上劝我，考不上也没关系，可以找工作，我们店里正需要一个会计，如果你愿意，我们非常欢迎，我妹妹很喜欢你，真是缘分。我笑了，说谢谢你们这样善待我。在她们家中等车时间过得很快，一晃住了四五天，那天一早张丽丽告诉我，今天有车到平越，店员已经给你买好票了，一会儿我送你到车站。她哥哥说，我也要去送李小姐。他还买了一包东西给我。张丽丽流着泪说，姐姐，真舍不得你走。又反复地说，你考不上大学就来我家，我们欢迎你，并塞给我口袋二十元。就这样，我依依不舍地上了车。车慢慢开了，她兄妹俩还站在那里向我挥手。

八个月后，当我考上医学院的时候，我专程去马厂坪看望张丽丽和她哥哥张继善。可是，我失望又悲痛，眼前看到的是一片废墟，她家的房子和那一带的建筑都不存在了，他们的人呢？生死不知。我默默祈祷上苍：好人一生平安。

我泪流满面，心痛欲裂地离开了。

二十三　初到平越遭遇下马威

经过半个多月的艰辛，终于到达我向往的地方——平越。传炳给我表哥的信上画有到他们宿舍的路线图，可是当我翻口袋找图时，发现我的三百元钱不见了，那是我们在合川开业挣的，心里一阵着急和懊悔。想来可能是在马厂坪到平越这段路上丢的，因为车上人多，很拥挤，给了小偷机会。但幸亏到了目的地。我又从口袋拿出信，按图找到了他们的宿舍。

一位男同学前来问，你是Miss李吗？我答，是。他说金传炳今天有课，特派我在这里等候欢迎你，再送你到你住的地方。我说，谢谢，心里一阵温暖，觉得传炳考虑很周到。路过平越街区，仅有几家小商店，还有一两家小饭馆，很有乡村小镇风味。在一所较大的住宅前，他领我进去，天井是一个小庭院，布置得很优美，花台上是正在盛开的月季花，香气袭人，台下还有一个大养鱼池，里面

唐山交大贵州平越旧址福泉中学

有几条红色金鱼，在绿水草中游来游去。我正在欣赏游鱼，那同学指着靠东边一间厢房说，这是金传炳发动我们几个同学为你准备的书房兼卧室。我走进小房，眼前一亮，好漂亮！墙壁用白纸裱糊得雪白光亮，一张单人床，上面铺着白色床单，有两床红花被整齐地放在上面，写字桌上铺着浅蓝色的桌布，上面放有文房四宝，两扇窗户还挂上浅绿色的窗帘。我心里想，传炳真是很诚心欢迎我来学习。我一心欣赏着新居室，竟忘记招待领我来的同学，他还呆呆地站着。我有些歉意地连忙说，请坐，他却说，我还有课，再见。

大约在下午六点，传炳来了，他看见我很高兴，很得意地问我，这小屋布置怎样？你喜欢不？我说这小屋太漂亮了，在这战乱时期，物资缺乏，能弄到这些东西，真是不易，太感激你了，我一定努力学习，争取考上医学院，来回报你。传炳伸出手和我握手，说预祝你金榜题名，我说，谢谢。

传炳说，我们吃饭去吧。他领我到一个小饭馆，问师傅，你们有什么菜？厨师说，有鸡蛋，豆腐，传炳又问，有鱼和肉吗？答没有。传炳说，那炒一盘鸡蛋，一盘青菜。传炳又带我到他们包伙食的老太太家中吃饭。一位白发老太太出来，说今天你来的晚一些，原来你的爱人来看你了。说得我和传炳都有些尴尬，我忙解释说，金先生是我的老师，我是他的学生，我是来请他补习功课的。老太太忙说，对不起，原来你们师徒关系，我今天给你们炒一盘毛茄煮豆腐。这里把西红柿叫毛茄。

我们吃完饭又回到小房间，传炳也没有问我，经过十多天的长途大卡车颠簸累不累，身体怎么样，是否需要休息两天，而是直接说，你想考大学我要先了解你现在功课基础怎么样，先考考你英文单词。他指桌上的笔，问，英文是什么？我摇摇头，毛笔的英文是什么，真不知道。又问我砚，我还是不知道。他有些生气了，说你的英文单词全忘了。他又说，我考考你初中化学，最简单的，水的分子式是什么？我还是摇摇头。他更生气了，提高了声音，同时手指重重地敲着桌面说：就这样的水平，初中都考不上，想考大学很难，我还有两年就毕业，我要到英国留学，学校保送，你怎么办？我想你现在还是马上回重庆，先考高中试试看，那恐怕都考不上。

说完他起身就走，将门重重地一关，声音很响，骇得我心惊胆战。突然遭受这么重大的刺激，我的身体和精神一下崩溃了，我觉得天旋地转，昏倒在地。

不知经过多少时间，我慢慢醒过来。我的第一个念头就是不能在这里求金传炳给我补习。由于小时候我和母亲一起经常过着屈辱的非人生活，使我从懂事起，性格特别倔强，更懂得自尊自爱自强。

记得上初中时，我对数学感到非常困难，也没有说一句请传炳补习。这次来平越，也是传炳向表哥提出要我来的。现在，既然他已经下了逐客令，要我马上回重庆，我当然不能留在这里，奴颜婢膝地求他。况且，考大学对我来说已经是天方夜谭，希望那么渺茫。回想我当初要来平越时，刘曼华说，传炳不会喜欢你这样不用功的人，那时你只有对着孤灯，向隅而泣吧。

现在我的情况，真的被她说中了。

二十四　准备打道回府

我决心回重庆找我的一位好朋友，她叫赵玉珍，是我在合川开业接生时认识的。那是她二妹要临产，要我们马上到她家，因我的同伴有事不在，我单独随赵玉珍到了她们家。她妹妹看见我，马上生气地对她姐姐说：我都快疼死了，你怎么找这样一个年轻的女孩给我接生？又大声说，叫她快走，姐姐你快请有经验有技术老接生婆来，接着还说，快要她走！我很知道产妇的痛苦，脾气不好是很自然的。我带着微笑走近她妹妹身旁，我说，做妈妈了，应该高兴，我给你检查一下，好吗？她姐姐在一旁说，妹妹，李医生是专门学接生的，是正规学校毕业的助产士，有技术。我给她做了详细检查，胎位是臀位，胎心好，骨盆大小正常，孩子应该能正常出生。我告诉她，一切正常，生产痛是自然现象，不用怕。我看她很虚弱无力，问她，吃东西好吗？她姐姐说，一天都不肯吃，我说这个时候要强迫自己吃些食物才有力量。我要她姐姐冲碗糖水，我一勺一勺地喂她，又喂了面条。因查子宫口已开全，我要她用力，腹痛一阵比一阵强烈，我握着她的手，叫她使劲，给她轻轻擦额上的汗珠，还时时喂一些糖水增加体力。这样经过十来个小时，孩子出生了，是一个女孩。听着新生婴儿响亮的哭声，产妇笑了，她紧握我的手说，李医生真对不起，刚才我对你太无礼了，请原谅。我笑着说，母子安全是医生最大的愉快，谢谢，我走了，明天再来看你。赵玉珍给我双倍接生费，我退了她一半，她们一家人把我送出门，不断地说谢谢。

过后，我时常到她妹妹家，告诉她护理婴儿的知识和经验。赵玉珍到合川看她妹妹，也常到诊所看我，每次还送我一些市场上买不到的紧缺货物。记得有一回她还送了我一些阴丹士林布，这种布耐穿，不褪色，是当时市民和学生都喜爱的布。赵玉珍常带她的一个约七八岁的小女儿玲玲，我也常给她一些零花钱。这样我和赵玉珍关系很好，她常要我上重庆她家去玩。在合川我们的诊所被炸的当天，她正好到合川看她妹妹和我。诊所没有了，我就住到重庆刘曼华家，因此整个暑假的二十来天，白天都在赵玉珍家，晚上回人和场刘曼华家。

赵玉珍大我十岁，初中毕业，没工作，全职太太，她丈夫是重庆钢铁公司总经理兼总工程师，出国去了，她还有一个弟弟，是西南联大毕业的，约二十四五岁，也住在她家，叫赵一丹。我到她家时，一家人都热情招待，她的小女儿玲玲特别和我亲，叫我姑姑，常拿出小玩具，小人书，糖果，摆满一桌，赵玉珍则是忙着做饭做菜。她弟弟赵一丹晚饭在家里吃，他知我在他们家吃，下班时总带回麻婆豆腐和鱼香肉丝，那两样是我爱吃的菜，是赵玉珍告诉他的。吃饭时，他不停给我盘子里夹菜，看我出汗了，马上递给我一条毛巾，对我热情得真像服务员，常常使我不安。他姐姐看他这样照顾我，就在一边笑。他长得很帅，很有儒雅风度。我晚上回人和场，赵一丹总送我到家门口，但从不进刘曼华家。他很会讲话，常讲一些有趣的事逗得我大笑，和他在一起感到很愉快。

暑假快结束了，赵玉珍很关心我，说合川被炸了，你准备上哪儿去呢？现在重庆找工作很难，各种人才多得很，你就暂时住在我家吧，我们都特别欢迎你，等玲玲爸爸回国，你就在他们医务室做助产士工作，因为他们职工家属有几百人。我说，谢谢你们的好意，我回人和场再考虑吧。赵一丹照例送我，我看他低着头，默默无语，不像往日有说有笑的开心，忽然他紧握我的手说，我爱你，请你留下吧，不然我会想念你一辈子，你是我心目中理想的人，我爱你！还在我二姐生孩子时，大姐回家讲你的动人故事，你的服务态度那么热心，使人感动，当时二姐发脾气赶你走，你不但不生气，反而耐心给她做细微的检查，安慰她，给她一勺一勺地喂食物，我听了就非常想见见你，真是一个可爱的姑娘，秀外慧中，外表美，心灵更美。与你十多天的相处，是我一生中最幸福的日子。我说，非常感激，你对我过奖了，我不会忘记你们，我和你永远是好朋友，我要到平越补习功课，如果考不上大学，我会回重庆的。

他又问，给你补习的人是你的好朋友吗？我说不是，是我表哥的好朋友，他现在有爱人。他听后长长出了一口气，原来如此，我还猜想是你的好朋友。他就这样依依不舍地离开我，还给了我一包衣物被单等。以后他知道我考上了医学院，写信祝贺。在我上医学院的六年里，每年他都给我寄来一封信。那时正是战争时期，学校差不多一到寒暑假就要迁校，不知他怎么能知道的地址。到我毕业与传炳结婚时，他还寄来了贺信。但我一直未回过他的信，怕增加他的思念和不安。

多少年后，1976年唐山大地震后，住在马家沟的半简易房中，传炳递给我一封信说，赵一丹又来信了。我真奇怪，三四十年过去了，他还能知道我住的地址。记得赵一丹曾写信告诉我，姐姐赵玉珍已随他姐夫去了美国，他也在1944年与一位护士结了婚。

又有三十多年没有他的音信了。如果他还在，也是九十多岁了。

二十五　这样开始了复习

想好回重庆，我的心反而定了。

第二天，传炳将初中数理化和英文四门书借来了，进到屋冷冷地说，你自己复习吧，准备半年，不懂问我，然后就走了。我心想，你不是要我马上回重庆吗，我不能厚颜无耻在这里学习，我回重庆可以轻松幸福地生活，可在这里像在尼姑庵一样，孤苦修行念佛。但是回重庆要路费，身上的三百元被盗了，只有那女孩张丽丽给我的二十元，我也不愿低三下四找传炳借钱，又想写信给赵玉珍借路费，她和她弟弟赵一丹会很高兴我回重庆，可是我心里却不好意思。当初离开重庆时，她们一家诚恳地留我，我拒绝了，现在刚抵达平越又要返回，真不好开口借路费。

当时十分苦闷，觉得时间一分一秒过得很漫长。我拿起一本传炳借来的英文课本看看，想驱除苦闷。翻开一看，内容很熟悉，上初中时都背诵过。只用了一天的时间，一本英文全看完了。第二天开始记忆，经过五六天，一本英文全能记下来了。我内心暗自喜悦，觉得自己脑子不错，并不是像传炳所说的，初中都考不上。那时传炳在屋外问我，有没有不懂地方需要问他，我很生气，连进屋都不愿，真不想理他。我大声说，没有问题，又低声对自己说，一本英文都复习完了。他在门外问，你刚才对我说什么？我说我是对自己说，一本英文都复习完了。他进到房间带着疑问口气说，你复习得这样快吗？我再考考你。他用英文问房间桌子、椅子、窗户，都是书上的句子，我也用英语回答。他高兴地笑了，想不到这样短的时间，仅仅一周，你的英文学得这样好，发音纯正，说得流利，真像英国人发音。他又说，在荆州第八中学，没有英国教师啊。我说在助产学校三年里，天天听到英国医生和护士讲话，我都听熟了。他说，哦！原来如此。还有数学、物理、化学三门，你也自己复习吧，不明白的问题，你问我，我每晚来你这里看书，方便你有问题随时得到解决。

传炳对我的态度发生了一百八十度大转弯，这样我也安下心来在平越，想着自己复习初中课程，请传炳再给我讲高中课，我暗下决心争取明年六月考上。这个时候离考期只有七个月了。

我又开始复习初中数学、物理和化学。先翻开一本代数看了一下，一些公式和定律都能记得，这样演算题目就迎刃而解。经过一周的学习，数学就复习完了。复习物理和化学也各用了一周的时间。

来平越已经一个月了。我是十月十号到平越的，这天看日历是十一月十号。传炳来了，问我，你复习进度怎样，有困难么？我答初中的数理化，我全部复习完了。问，你说什么？我重复了一遍，又说，一个月前，你说我初中都考不上，现在你出题考考我试试看。他带着不信的神情说，复习速度这样快，我从未见到过。他将信将疑地将数理化三门功课各出了三道题，说现在是九道题，限两个小时交卷，到八点半。我一看题目觉得很容易，结果只用了一小时。他惊奇地看我交了卷，等看完试卷，他大笑，你怎么复习得这样好，全对了，一百分，你真聪明，我可以肯定，高中的课程在我毕业前能学完，你那时就可考大学了，我出国也放心，对你的表哥也有一个好的交代，受人之托，忠人之事，预祝你高考胜利。我很高兴而内心骄傲地笑了，连说谢谢。传炳又说，你这个女孩真耽误了，我能早给你补习，早高中毕业，也早考上了医学院，免得读助产学校，耽误了三年时光。我说，你记得不？在荆州我上初中时，你从不答理我，那时我感到数学太困难，也从不求你补习。他很有感慨地说，过去不说了，太感谢上帝，这次让我们在重庆又相遇，我能有机会教你，发现你聪明过人，不考大学太可惜了。他说，你来平越这一个月太紧张，太累了，需要休息，放松两天。

次日是星期日又是苗族的集市，传炳说，我们去赶集。我高兴地说，太好了，我终于可以轻松愉快地度过一天假日了。

苗族集市，真是五彩缤纷。一群群苗族姑娘穿着绣花衣裙，边走边舞，千姿百态，美丽动人，还频频对我们微笑挥手。还有卖鸡蛋的，鸡蛋是用草编成袋装的，一串串地卖，一串十个，那时卖两毛钱一串，传炳花一元钱买了五串提在手里。我们又买了些挂面，还买了一点盐。那时贵州地区的盐非常缺乏，记得我曾写信给赵玉珍请她寄盐，因传炳想吃腌咸肉咸鱼。

回到我们小屋时，一个中年妇女好像是我们的邻居，焦急地对我说：姑娘，我等你多时了，我的儿子得了急性阑尾炎，需要马上手术，不动手术有生命危险，但要先交手术费三十元，我们家真的没有办法了，只好找姑娘借点钱。我就将身上仅有的二十元给她，她连连说谢谢。传炳在旁看此情形连说，你的心真善良。我说在这战乱时期，谁都可能遇到想不到的困难，能帮助就尽力帮一点吧。我这次来平越经过很多困难，都是别人无私帮助的，使我很受教育。

二十六　学习高中功课

传炳抱来了一大堆厚厚的书，是高中课本，数学就有四本，代数、几何、三角、微积分，化学物理是两本，还有英文、生物和政治三本。

我看见这么多厚厚的书，有些畏难情绪，我问，在两年内我能学好么？传炳鼓励我说，能学好，根据我教学生的经验，像你这样聪明，一个月就将初中课复习得那么熟练，我有信心，学习两年你一定能考取大学。听他这么说，我的紧张心情才有所放松。

传炳说，学习计划我这样给你安排：主要是数学、物理、化学三门，我每晚给你讲讲数学，学一年，物理和化学再学一年，在这个过程中，英文靠你自己学习，英文过关要熟记单词五千个，同时要熟悉文法，生物和政治到临考前两个月自己看。

紧张的学习开始了，传炳每天下午七时开始给我讲课。数学先讲代数、几何和三角，等有数学基础后再讲微积分，因为初中没有学过微积分。他开始给我讲代数，因为有初中基础，听起来觉得不难。由于一些公式和定律都熟悉，演算题目也就比较容易。传炳讲完后，给我出了几道题要我解答，我说不用写，口答吧。他说，好，你说第一题怎样答，我很快就解答了。传炳听后说，你答得简单而明确，说明你思想敏捷，反应比较快，这样来看，我以后讲解加快进度好吗？我说，试试看吧。

就这样，一本代数两个月就讲完了。他再将这本代数的主要内容，出了五道题，是按照大学入学考试题的标准选的题，也是限两个小时交卷。我拿来一看，觉得题很容易，结果用了一个半小时就答完了。传炳接过答卷，看他带着怀疑的眼神望着我，我说，你看试卷啊。他仔细看了两遍，而后笑着对我说，我还想找出错误的小数点和符号等，但是没有，按说我应该给打满分一百分，可是怕你骄傲。我笑了说，在老师面前我哪里敢嘛。他说，你怎么这样会读书呢，我讲的你不但理解快，而且记忆力也非常好，我现在要修改教学计划，加快学习进度，原来订半年到一年学一门，现在可以三个月学一门，我觉得你完全可以做到。

这样一来，学习速度一天比一天快，一再缩短教学时间，最后只用了六个月时间，就将高中数理化全部学完了。

这时已到了五月中旬，传炳说不用等明年投考，争取今年就考上。

传炳又说，我教你数理化，让你自己学习英文，但是你怎么从

唐山交大贵州平越旧址福泉中学内的茅以升校长铜像。茅以升是唐山交大1916届学生，又曾四度出任交大校长。我毕业后和传炳一起回到交大，传炳兼任校长的秘书。

来没有问过英文，你忘了英文这主要的一门吧，英文可不能突击，要花时间学习熟记单词五千到六千个，你到底学了没有？我说，你可以按照大学入学考试标准，考我试试看啊。他说，我不信，你从来没有向我问英文，我说，出题考了再说。于是，他出了四道题：

一、写了一段中文要我翻译成英文。

二、写了一段英文要我翻译成中文。

三、写了五句英文，但中间都空了几个词要我填写。

四、写了五句有文法错误的英文要我改错。

他写了试卷说，不用急，学习英文需要时间，不行明年再考。

我接过试卷，一看就笑了，他说你笑什么？我答：争取满分。传炳说你能考满分，我给你重奖。我说好，说话算话，别后悔，那我得先问什么重奖，是物质奖，是精神奖？他说：是物质奖。我带着喜悦和怀疑的心情，答完了卷，又检查几次，单词写错没有，标点有没有错，最后觉得一百分应该没有问题。

他接过试卷，看着满满的答题，不断笑，直说着，她怎么这样神秘，这几个月里，对学习英文你从未问我，我只是集中教你数理化，没有时间兼顾英文这门难而费时的课。他看完试卷说，你答得全对，满分。我要问你，你是怎样学习的，能熟记这几千个单词，文法也学得好，翻译都很正确。我说，你不是告诉我要熟记五千到六千个单词吗，于是我每天早上四点起来就记单词，一天三十五个，再看文法，这样一个月就可记一千个单词，六个月了，所以我能熟记这么多单词，文法也熟悉了，所以英文能考满分，皇天不负苦心人，我每天只睡四到五个小时。

传炳听后，很感动，说你既聪明又能刻苦读书，所以在这短短的八个月中，将初中和高中六年的课程学得那么好，现在我可以肯定地说，今年你就能考取有名的医学院。我说，我首先应感激你。

他说，我给你发奖了。说着从腰间取出一串金圈，这作为奖品，送给你两个金圈。我看了很惊讶，你哪来的这多金圈。他说，在这战乱时候，随时可能不能与家里联系，所以离开家的时候家里给了我一些金圈，因我家开金店，你是知道的，金天福首饰店。我不能接受，说，我也用不着，你常常帮助朋友，还是你留着需要时用吧。他说，女孩子喜欢金圈，像袁和聂两个常向我要。我坚决推辞说，现在有你管我吃住，我已经很知足，很感谢你了。

传炳很关心我的身体，看我每天紧张的学习，就给我增加营养。在那时战争年代，鱼肉是买不到的。他每晚给我煮一碗面条，两个鸡蛋，一定看我吃完，他才放心回宿舍，我内心感动得直掉泪。

二十七　报考医学院

时间飞速流逝，已到1941年6月中旬，是各大学招考的时候了。传炳送我到车站，再一次鼓励我说，你一定能考取，我预祝你胜利归来。

我乘车到了贵阳，住在湘雅医学院女生宿舍里，由传炳同学介绍了一位湘雅医学院学生高梅珍。我向她打听招考报名的情况，她告诉我，报名人数多，考生质量高，大多数是江苏、浙江、上海、南京、广州等地的高中毕业生，还有一部分是去年和前年落榜的学生，补习了一两年参加考试的。我听了感到考取希望不大，心想报考的都是正规高中毕业生，我仅仅学习了几个月高中课程，与他们差距太大。可是又一想，既然来了，若不参加考试，在传炳那里不好交代。那时各个学校单独招生，分别排列，这年依次是湘雅医学院、中正医学院、北大医学院、上海医学院……

湘雅医学院是第一批招生，我找到报名地点，那里挤满报名的考生，大多数是男生，仅有少数女生。我将名报上，回到宿舍，也不临阵磨枪，不看书，就睡大觉。高梅珍笑着问我，你怎么这样轻松，一点没有考前的紧张？我笑了，说听你给我介绍的情况，反正觉得自己没有希望考取，今年试试，明年争取吧。

考试开始了，第一天考数、理、化，考场有几十个，我找到我的号是三十一考场。走进考场已经坐满了人，都是男生，女的只有我一个。我心情特别紧张，心脏加速跳动，手发颤。接过试卷，看了一下，是考代数、几何、三角和微积分，心比较平静了。再看就有些喜悦，觉得题目不难，有的竟然是传炳曾经考过我的，不禁暗自佩服传炳教学能力真神，还能猜到试题。限两小时交卷，我看表才发现已过去二十分钟了，“怎么回事，你还不动笔？现在可是在考场啊！”我好像从梦中醒来，马上提笔答卷。

大约一小时，十二道题全做完了，看表还有四十分钟才到交卷时间。我又重复检查答案两遍，觉得没错。抬起头看看周围的人，还都在埋头演算，没有一个交卷的。我站起来走到讲台前，将试卷交给老师。老师望着我笑了，带着疑问口气问，都答对了吗？我说，答好了。老师又关心地提醒，时间还不到。我说谢谢老师，我已检查几遍。我走出考场，心情从未有过的愉快和兴奋，对于考试的胜利充满了信心。心想要尽快将好消息告诉传炳，我匆忙写了几个字投入邮箱。那时只有这种方法通讯，可没有现在这些高科技通讯设备，瞬间就能传递信息。我还发了一封电报，告知传炳，下午考物理和化学，我自觉满意。

第二天考英文、语文、生物、政治。接过英文试题，我不禁惊奇，怎么像传炳曾考我的试题一样啊，四道题：一、英译汉，二、汉译英，三、填空，四、改错。另外，也是两小时交卷。我因英文单词记得比较熟又比较多，对一般题目都能回答。结果我用一个半小时就答完了，觉着考得很轻松。

走出考场与一个女生相遇，感到很亲切，因为很少遇着女伴。我们在一起谈起来，她说去年她就参加考试但落榜了，今年又复考，她还告诉我去年是在重庆考，还有敌机不断轰炸，那时大多数考生都集中在重庆。由于几十个考场被炸，今年就改为贵阳。在这里报名人也不少，已有三千多人报名，听说仅录取六十人，也就是五六十人才取一个，不知道有希望没有？我说，你一定今年能取，有去年报考经验，又加上复习一年。她笑了，谁知道呢。她又问，你考得怎样，我看你很轻松愉快，想来考得不错，定能录取。我俩是同班考生，但愿我们一块儿骄傲而愉快地步入大学殿堂。

第三天发榜了，我俩去看榜，她的名字是何秀丽，和我的名字都在榜上，我俩抱在一起，高兴得直掉泪。接着我们就走入一家餐厅，共进早餐，她说，她马上回重庆将喜讯告诉父母。

第二天是中正医学院报考。此学校经费充足，设备好，是当时全国唯一的全公费学校，连每月伙食都是免费供应，还发书籍，发服装，读这个学校完全不用自己家人花钱。在那战乱时期，很多学生与家庭都断了联系，所以这次报考中正医学院学生很多。

我又报考了中正医学院，考试和湘雅医学院差不多，有三千六百人报名，录取七十二人。何秀丽没有考，她就准备进湘雅。三天后中正医学院发榜，我又被录取了，马上又发了一封电报给传炳。他回电，不再考了，太累了，回平越休息。

我回到湘雅宿舍，高梅珍高兴地向我祝贺，你真棒！两个名校都轻松地录取了，你准备进哪个学校？我说回平越再考虑，明天我就回去了，谢谢你对我的帮助，这多天给你增加不少麻烦。她说不用客气，欢迎你再来。高梅珍送我到车站，还给我买了一包贵阳特产桃片，另一包带给她交大的朋友。车慢慢开动，我向她挥手告别。

二十八　考试胜利后的欢乐与难题

记得1941年8月15日，我高考结束胜利回平越的时候，是我一生中最美好、最快乐、最甜蜜的时光，那情景常常在心间闪闪发光，不曾因岁月流逝而暗淡。因我的两个梦想在那一刻都成为现实，第一梦想是考入医学院成为一名大学生，另一个梦想是希望找一个像金传炳那样理想的爱人。这两件事对一般女孩来说，也许不是什么难事，更不是什么幻想。可是对我那时的情况，想考大学是做梦，那时单身一人，逃难流亡到重庆，没有工作，居无定所，而且我没有上过高中，既无学历，也无文凭。但是，奇迹竟然发生了，我的梦想成真，真的成为一名大学生。

回到平越小房间，里面收拾得很干净，桌上摆了一盘盘的菜，有西红柿豆腐，青菜是每天吃的，还有一小盘炸鱼，真是稀有，最奇怪的还有一小锅炖鸡汤，这两样菜传炳从哪里弄来的？心里一阵感激和不安。

一会儿传炳来了，他一下将我抱起来转了一圈，并在我额上吻了一下。他这突然的举动，使我惊奇万分不知所措。因为在八个月补习的时间里，他始终是一个严师，从没有碰过我。他满脸高兴的笑容，拉着我的手，说祝贺你考试胜利，你真是巾帼英雄。我问，你哪里弄来的小鱼和鸡？他说，为了祝贺你，我想弄一些好吃的，给你增加营养补补身子，在家常听母亲说，鸡汤营养好。

他说起，“昨天是星期日，我对同学周家骧说，我想买一只鸡，市场上没有卖的。周说，咱们到附近农村看看。我们一家家询问，看见一家农户前一群鸡，我和周很高兴进了农家院，对他们说，家有客人，想买一只鸡，钱贵一些也没有关系。主人说，好吧，卖给你们一只，要十元。我让他斩了鸡，拔毛弄干净，然后把鸡提回来，在房东的灶火上煮了三四个小时，熬成了现在的一锅汤。至于小鱼，是我到河边用网兜捞的，请房东炸了。你看，为了庆贺你胜利归来，我多高兴。”

传炳还买了一瓶红酒，倒了两杯，他举起杯说，祝你胜利归来。我说，先应谢谢老师的辅导，不然我做梦也考不上大学。

他低着头默默无语，忽然紧握我的手说，我爱你。

我说，不可能。

他说，我爱你不是今天突然想的，而是给你补习的时候，发现你聪敏，智慧超人，回答问题快而准确，时时使我动心，学习计划一再缩短时间，三年高中课程，竟能在七个月时间学完，并且学得很好，在众多高中优秀毕业生的竞争中被录取，一连考取两个名校，都是五六十人中取一个。你不但聪敏，而且心地善良，我曾看你将自己仅有的二十元给邻居小孩治病，那次我奖给你两个金圈，你坚决不要。你大方慷慨，在女孩中少有，而且你性情温柔，善于关心人，体贴人。我因有第一次婚姻不幸和痛苦，更知道慎重选择第二次婚姻。

我说，我对你非常崇拜，自我上初中起，虽然我们几年中没说一句话，但你的优秀形象在我心灵中扎了根。虽然你是我心中偶像，但我们之间有许多罗网，使我们不能相爱。

我又说了几条理由，第一，我与表哥已订婚，是名正言顺的未婚夫妻。第二，你是我表哥的好朋友，朋友之妻不可夺，这是做人的基本道德。第三，你已有恋人，我知你们已相恋五六年，你不能因我而抛弃她，我也不愿夺人之爱。第四，你还有合法妻子和儿女，我不能当第三者。由于这些原因，我们不能相爱，但我很感激你，我永远是你的好朋友，我一定做一个好医生治病救人来回报你。

说完，我伤心地哭了。

他为我擦干眼泪，并说，让我们勇敢地共同冲破罗网吧。你说的这些，我都想到了，但为了爱你，为了我们的幸福，我愿意承担任何牺牲，可能失去朋友，骂我不仁不义，但什么我都不怕。我爱你，我知道你也很爱我，为什么偏偏相爱的两人不能结为夫妻呢？长慧，冲破罗网，寻找我们的幸福吧。

我说，你和聂传璋已相恋五六年，她现在湘雅医学院学习，你

传炳当年工作证上的照片

不能因我而抛弃她。他说，至于我和聂的关系，实际上是为了从学习上，尤其从经济上帮助她，她很用心读书，整天坐着苦读，所以一般朋友都笑我喜欢整天坐着不动苦读书的女孩子。但她除了用功，与你相比差距太大，你比她漂亮得多，你聪明过人，她很爱钱，我给她金圈总嫌少，每月寄她钱，总不够花，来信除了要钱就不说别的。你大方慷慨、心地善良、性情温柔、关心他人的优良品德她根本无法相比，我为了幸福选择你是理所当然。而她马上毕业即将成为医生，我尽到了在学习上和经济上全力帮助她的情义。

传炳又说，我毕业后本来想去英国留学，要在数学领域内有所成就，但现在对我什么都不重要，我只愿意选择和你终身相伴，幸福过日子。我毕业后就到你们学校附近的小学中学当一名教师，不然像你这样优秀的女孩子，到了男多女少的大学里，追你的人一定很多，我担心你可能放弃我。

传炳忙着为我准备行装，请裁缝师傅为我缝制新衣，不知他在哪儿买来一些漂亮的布，做了几件旗袍，很漂亮，穿得也很合身，又添置了许多日用品。我感到传炳对我关心体贴无微不至，使我深深地陷入爱河，不能自拔。

我们相爱的甜蜜生活开始了。记得清早，我们去看日出，新升的太阳从云间喷薄而出光芒四射，在向我俩祝贺辉煌灿烂的美好前程。鸟儿在树上歌唱，红色的黄色的鲜艳山花在阳光中撒娇，绿色的柳条在微风中摇摆，我俩陶醉其中，如同人间仙境。传炳顺手摘下一朵红花插在我的头发上，他赞美说：多可爱迷人的大学生呵。我听后恍然从梦中醒来，我已经是被人羡慕的大学生了。然后我俩走进一家小食店共进早餐，传炳说，给我们煮两碗面条。一会儿两碗红艳艳的面条放在桌上，很好看，可是吃起来太辣不能入口。传炳又说：老板再给我们来两碗不放辣椒的面。一会儿老板又端上两碗热呼呼的面条，还是不能吃，太咸了，我们相对强笑了一下。算账时老板说四元钱，走出店门，我说：一顿没吃的早餐就花了四元钱，真不值。传炳说：生活就是这样，在幸福的时候，常出现一些不愉快的小插曲，没关系，我一会儿给你补上。回到我们的小屋，传炳很熟练地煮了两碗面条，上面还有两个荷包蛋，吃起来味道非

1976年唐山大地震后在废墟上的地震棚前留影

常鲜美，我很奇怪地问，今天的面怎么比我考前吃的面好吃啊，鲜美多了。传炳说，是一个广东同学昨天送给他一包调味粉，今天放了一些。啊，原来如此。多少年后再吃面条时，我时常会回忆起那时的难忘滋味，鲜美、幸福、甜蜜。

在平越休假日子里，传炳每天都要给我一些红得透亮的小球当水果吃，我问，这是什么水果，叫什么？传炳说叫毛辣茄，我今天带你去观赏观赏。

我们走进一家农院，我惊喜地看见田园里满地被一片鲜红亮晶晶的核桃般大的小球覆盖，每个小球的底部伸出苍翠欲滴的绿色叶子，真是一幅天然的画片，美极了。我俩正在欣赏时，一位约三十岁的妇女出来了，传炳说：我们想买小西红柿。那妇人不懂地问，什么？啥子西红柿？我们没有。我俩都笑了，指着地里说，就是要买这地里长的。那妇人笑了说：给两毛钱随便吃，吃够了，还可以摘一些带回家。我们都觉得这太便宜了。原来他们的西红柿不用人工栽培，自生自长，不施肥，不浇水，因得天独厚，全靠雨露滋润，长得这样果红叶绿的，这西红柿的维生素C含量很高，有很好的保健功能，药食两用，真是天然的美食。

我和传炳离开平越几十年，总忘不了甘甜味美的毛辣茄。

传炳也放暑假了，我俩尽情游山玩水。记得对我印象最深的是采摘红豆，传炳念着：红豆生南国，春来发新枝，愿君多采撷，此物最相思。他身材高大，体格健壮，很快上了树，一粒粒鲜红透亮的红豆落在地上，我喜爱而珍惜地一粒粒收到袋里。然后我们坐在一棵高大的松树下，共同欣赏红豆，传炳将它分成两份，各人保持一份。当我们分别时，看看它，可以寄托我们的相思。我们一直很珍惜地保存红豆，经过抗日战争和解放战争，经过后来的历次运动和抄家，又经过了唐山大地震，但我们的红豆仍鲜亮如故，象征着我们爱情永不褪色。

在这幸福、平静的日子里，接到了表哥的祝贺信，赵一丹和赵玉珍不仅来信祝贺，还寄给我二百元，我内心涌起了自责与不安的涟漪。

二十九　择校

我能被两个医学院录取，真像福从天降，梦想成真。湘雅医学院是我向往已久的神圣殿堂，它培养出大批知名的医学家而享誉国内外。我记得一年前的这时，我在重庆遇到传炳和周忠延去看湘雅医学院的考生榜，当传炳看到榜上有聂传璋的名字时惊喜万分，马上对周说，我得快给她寄去二百元钱以示祝贺。我在一旁见此情景，既羡慕又心痛，想到自己今生再也无缘进入大学的殿堂，更别说是湘雅医学院了。但是谁想到一年后，我居然就被湘雅医学院录取，更使我感激传炳对我辅导功课尽心尽力，最终改变了我的命运。当时我感激得泪洒满面，传炳用毛巾擦干我的眼泪说：你这次录取，我的帮助是一方面，更主要的是你的聪明加上你能刻苦勤奋的学习。像英语能在几个月的时间里熟记六千多个单词，熟悉文法，能翻译，真了不起，记忆力和刻苦真是惊人。所以我们现在应该高兴，庆贺胜利。

在商量到底上哪个学校时，我说愿意上湘雅，因为素有北协和南湘雅的美名。听说开办中正医学院的院长王子玕，从民国初年起就是湘雅的院长，他那时风华正茂，多年来办学成绩卓著，才被调到中正医学院办学。中正医学院首创医学院校公费培养的制度，录取的学生一切费用由国家负担，饮食也是公费，学制六年，毕业后服务于公立医院。

传炳却说，我们要考虑你的高中毕业文凭是编的这个情况，因为一旦被查出就有退学的可能。他认为湘雅校址在贵阳，离重庆教育部较近，而中正医学院在江西永新远离重庆，尤其在抗战时期交通不便，调查起来也要费时日。如果你一入校就被调查出假文凭，很可能就会被退学；但是若已学习了一年半载，你的各科功课也比较优秀，那就可能不予追究而被留下。

想来想去，最后我还是选择了中正医学院。

欢乐的日子，很快地飞逝，转眼已到1941年9月初，是各大中院校开学的时候了，我们也即将暂时离别。传炳像长兄一样照顾我，积极为我准备行装。但那时正值烽火连天，物资奇缺，记得一天上午传炳满面笑容进屋，抱来一大包东西，对我说：我今天运气好，遇上一个小贩子，专卖进口货物，给你买到了一些高档的日用品和衣物。我打开一看，五彩缤纷的物品呈现在我的眼前，真漂亮。我拿出一件红色的鲜艳旗袍，试穿在身上。传炳看见赞美说，真漂亮的小姑娘，高兴得将我抱起转了一圈。包里还有肥皂毛巾等生活用品，尤其让我惊喜的是还有高级化妆品。我已经想不起来有多少时间都没有化妆了。传炳说：今天你仔细打扮一下，我带你到一个地方去比比美。我说：你说什么笑话，现在国破家亡的时候，哪有这份情趣。我化过妆，传炳领我走到女生宿舍，两位穿着蓝色旗袍女生出来了，她们同声说：金主席，今天怎么有空啊，快请进。传炳说，我给你们介绍一下，他指着我，这是我的学生，现在是我的女朋友李长慧。她俩说：是李小姐啊，真漂亮！听说你已考上了医大，真不简单啊。

传炳又忙着请裁缝师傅将两块漂亮的衣料做了两件很合身的旗袍，到学校后，正值校园里红叶落英缤纷，我穿着红色旗袍，男同学就给我取了个外号：红叶小鸟。几十年过去了，这些事还历历在目。

三十　从贵州平越到江西永新

1941年9月初，我手里提着一个小箱，背着一卷小行李，上面还扣着一个小脸盆，从平越乘车到了贵阳。

在贵阳车站下车时，看见一辆敞篷大卡车停在路边，上面坐满了青年学生。我迈着沉重的步子走到车前，上面一个女孩主动跟我打招呼说，姑娘你是要上江西永新中正医学院的吗？我惊喜地回答说是。她说："快上车吧，车马上要开了。"这女孩又命令似地对车上男青年说："你们几个大男人怎么还坐着不动，快将她的行李搬上车。"这样几个男同学立刻起来帮我搬行李，并让出座位。这位女同学是车上唯一的女性，长得很漂亮，粉白的脸上是一对又黑又亮的大眼睛，湖南口音。后来知道她是大四的学生，所以她对那些大二的男同学以师姐自居，可以随便指挥这些师弟。这位师姐坐在我身旁说：你很幸运，赶上这趟去学校的末班车，若单独去学校，那困难可就大了。那时到江西没有长途客车，只有找过路的战时运输车乘搭，可谓段黄鱼，走一段算一段，走一天停几天，在这兵荒马乱的战争时期，没有女孩单独敢那样走。我说：谢谢你对我的关照。这位师姐对我十分关心爱护，车上很拥挤，她将好的座位让给我，怕我饿了，总给我点心糖果，我睡着了，她将衣服盖在我的身上。后来到校后，听别的同学议论，说李芬（指她）特别“霸道”，怎么对这个新同学这样关心爱护啊。我想这就是缘分吧。

敞篷大卡车开动了，在崎岖不平的道路上艰难缓行。那时正值秋风秋雨的季节，衣服淋湿了，也换不了，让它在身上再吹干。夜间也没有地方睡觉，就坐在车上打盹。但我们情况比那些难民还要好得多。记得车过湖南长沙附近时，满山遍野都是难民，道路被破汽车手推车阻挡，路旁农田挤满了人，夜间难民们燃火取暖，火光中不时听到老弱病残的呻吟声和幼儿饥寒交迫的哭啼声。此情此景激起我们这些学子对日本人的无比仇恨，经历过南京大屠杀的同学更是感同身受。有一位同学，抑制不住心中怒火，站起来振臂高呼：打倒日本帝国主义！血债要用血来还！全车同学都纷纷起立，一起高呼，响彻云霄。

经过十几天长途汽车的颠簸，终于快到目的地了。司机宣布还有两小时就到永新学校了，同学们一听到这个消息，既喜悦又兴奋，个个脸上现出满怀希望的笑容。正在这时，路过一片难民区，妇孺老幼躺在路边，当我们的汽车路过时，他们发出悲惨的讨乞声：善人们，给孩子一点儿吃的吧，我们已有两三天没吃一口东西了。同学们纷纷解囊，将自己所带的食物全部送给了这些难民。

汽车继续往前开，大家都盼着还有两小时就要到学校，每个人似乎都在一分一秒地数着倒计时。忽然，大卡车停住了，前面的很长一段公路已被炸毁，成为大堆大堆的废墟，司机说绕路行驶大概还要费一天的时间才能到。听到这个消息，车上同学们的心情一下像落进了万丈深渊。不仅因为这时大家一个个身心极度疲惫，还因为刚才把所有食物全部都送给了路边的难民。所以在最后的这一天，同学们什么也没吃上，饥肠辘辘，狼狈不堪。等车到永新校门时，有的同学连迈步下车的力气都没有了，最后被人搀扶着才进了学校。

三十一　追梦校园——中正医学院

1941年9月16日，这天是我终身难忘的日子，我终于梦想成真，走进了中正医学院的大门。刚到学校时的喜悦心情，到现在我都无法形容，因为无论怎么样都表达不出来。在我的眼里，教室是那样宽敞明亮，校园内花草树木郁郁葱葱，我觉得沐浴在温暖阳光里，真是置身于学习的天堂。

当时中正医学院，名师如繁星，璀璨夺目。尤其是院长王子玕（1880-1963）先生，是国际著名医学家和医学教育学家，他早在1927年就担任湘雅医学院院长，学风严谨，治校有方，培养出张孝骞、汤飞凡等现代中国的医学泰斗，享誉国际医学界。1937年建立中正医学院，王校长规定，中正医学院要与湘雅一脉相承，教师都是国内外知名的专家教授，全部用英语讲课，要求学生用英语记笔记，规定各门功课考试七十分为及格线，所以淘汰率很高，通常一

当年的中正医学院

个班到毕业时，连同上一级留级下来的，只有三分之一的人能够拿到毕业文凭。

王子玕院长是江西永新人，1905年毕业于上海圣约翰书院，1908年留学日本，获明治大学女学及理学士学位。1911年由政府首届派往美国留学，学习勤奋，成绩优良，获医学博士学位。从美归国后出任湘雅医学院院长，年近花甲又创办中正医学院，终身为医学教育奋斗，兢兢业业长达半个世纪。他一生简朴，身后无遗产，却为国家培养出众多人才，赢得普遍尊仰。

王氏创办中正医学院，正值抗日战争的动乱年代，他奔走求贤，聘请了许多一流教授学者：

许汉光教授是国际著名的儿科专家；

陈心陶教授是国际著名的寄生虫学专家；

杨大望教授是著名的妇产科专家；

黎鳌院士是国际著名的烧伤专家；

米景贤教授是我国著名内科专家；

文士域教授是我国著名的消化学专家；

赵以炳教授是我国著名的生理学专家；

杨济时教授是我国著名的内科学专家……

中正医学院于1937年招收第一届学生，至1950年共为八届，毕业学生总数266人。学校严格管理，老师精心培育，学生勤奋学习，虽在艰苦战争年代，迁校八次，仍培养出许多专家、教授和学术带头人，其中还有六名院士，为现代中国的医学事业做出了卓越贡献。

我清楚地记得，入学后的第一堂课就是院长王子玕先生亲自上的，讲的是怎样做一个合格的医生。

他首先讲到了古希腊医生希波克拉底的著名誓言。后来，到我们毕业后的1948年，世界医学会在希波克拉底誓言的基础上，制定了《日内瓦宣言》，作为全世界医生的道德规范：

值此就医生职业之际，我庄严宣誓为服务于人类而献身。我对施我以教的师友衷心感佩。我在行医中一定要保持端庄和良心。我一定把病人的健康和生命放在一切的首位，病人吐露的一切秘密，我一定严加信守，决不泄露。我一定要保持医生职业的荣誉和高尚的传统。我待同事亲如弟兄。我决不让我对病人的义务受到种族、宗教、国籍、政党和政治或社会地位等方面的考虑的干扰。对于人的生命，自其孕育之始，就保持最高度的尊重。即使在威胁之下，我也决不用我的知识作逆于人道法规的事情。我出自内心以荣誉保证履行以上诺言，希望上天赐与我医术与人生无限光荣。我若违背誓言，则天地鬼神实共殛之。

王院长又讲到我国古代名医孙思邈关于“大医精诚”的教诲，医者先发大慈恻隐之心，誓愿普救含灵之苦，医道乃至精至微之事，必须博极医源，精勤不倦。

听课后，使我进一步意识到，医学就是人学，医生要有慈悲仁爱之心，要用纯洁的灵魂和全部心血从事呵护健康、拯救生命的崇高使命。从此奠定我以爱岗敬业、忠于职守、以人为本、关爱生命的态度，走过了从医六十年的历程。

资料

中正医学院

中正医学院成立于抗日战争初期1937年9月，创办中正医学院为国际著名生理学家林可胜博士首先提出，院长由湘雅医学院院长王子玕调来担任，教务长由生化教授唐宁康担任，秘书长由英语教授汪西林担任。1937年9月在南昌招收第一班学生108名。在南昌市上课三个月，因日本飞机轰炸，学院迁江西永新县。1938年秋，又紧

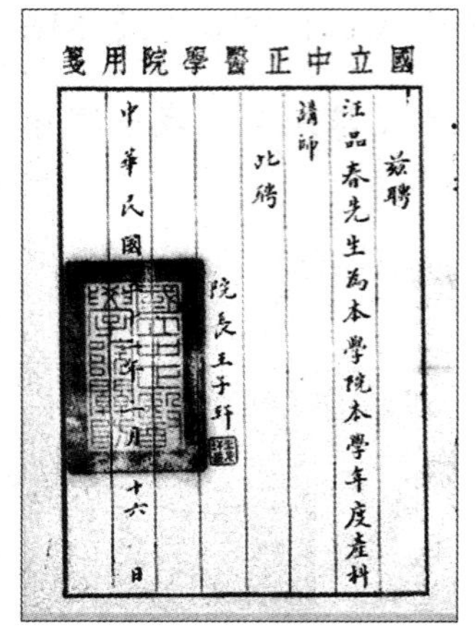

國立中正醫學院用箋

敦聘

汪品春先生為本學院本學年度產科

講師

此聘

院長王子玕

中華民國[illegible]一月十六日

中正医学院聘书

急迁往西南，由永新出发，经过坐民船、火车、步行、汽车，出镇南关经河内转入昆明。1940年昆明白龙潭院址被炸，学院遂迁往贵州镇宁县城。1941年暑假，学院由镇宁迁回江西永新。1944年7月，长沙失守，学院迁往南康县，1945年1月又迁往福建长汀县。抗日战争胜利后，1946年迁回南昌市原校址。

1949年，中正医学院改名为南昌医学院，后与四野医科学校合并成华中军区医学院，并陆续更名为中南军区医学院、第四军医学院、第六军医大学，后来又迁移重庆合并为第七军医大学，最后改名为第三军医大学。

中正医学院院歌云：“使国家昌盛，使民族复兴，要普救万民，要医学振兴，这都是办院之初心。”学院1937年创办招生，从1943年到1950年共有八届学生266人毕业，为数虽然不多，但许多人都成为中国现代医学事业的栋梁之才，著名校友有陈灏珠、黎介寿、黄志强、林道平、程天民等。

三十二　十二封挂号信

就在我刚进校门的时候，传达室一位老人便叫住我说：你是李长慧小姐吗？我很奇怪地问：您怎么知道我的名字？他说：你班新女生有六个，已经有五个人到校了，都不是她们的信，所以我就知道你是收信人，请签名吧。他自言自语念叨着：人未到，信来了。那十二封信一大堆特别显眼，长方形的大信封，上面都用墨笔写着几个大字：李长慧小姐收。有几个男同学边说边笑，Miss李，是你爱人写来的情书吗？当时我有些脸红，特别不好意思。

我找到女生宿舍，门上写有六个人的名字，我在其中。我进去里面无人，正好看信，我将信按日期排列，然后拆开第一封信。

——到今天，虽然那已经是七十年前的事情了，但是我仍然记忆犹新。他的信就像日记，将他每天学习和业余活动的事都一一讲给我听，就像我们还在一起一样。

第一封信（1941年9月3日）：

Dear慧：

我们已分别二十四小时，很想念你，惦记你身体怎样？能否经住敞篷大卡车长途风风雨雨的颠簸？我们朝夕相处八个月，是我有生以来最幸福的日子，直觉相爱恨晚。你的聪敏智慧和纯洁美丽的心灵征服了我，使我从内心深处发出了“我爱你，直到永远”……

第二封信（1941年9月4日）：

今天开学了，学生会选学生会主席，还是选我连任。这样我的课余时间就很紧张了，因现在开始写毕业论文，要查资料，选题目，还得找教授指导。还有我那个高考中考学习班，家长和学生都寄予无限的希望，所以我得坚持办下去，不能半途停止。再有就是现在学生和群众爱国抗战仇恨日本的热情很高，我们每星期天都组织抗日爱国宣传队，教唱抗日歌曲……

第三封信（1941年9月5日）：

今天罗教授又找我谈话说，你快毕业了，你打算去哪儿？我还是重复那句：去江西当中小学教员。他叹了一口气说：金传炳，你怎么这样一时糊涂，怎么能这样糟蹋自己呢？我们教师们常常谈到你，赞赏你，你的数理化基础好，尤其有数学天才，聪明勤奋，你的考试成绩总是前三名。你开办义务高考中考学习班，帮助中学生复习补考，有的已考上高中和大学，受到当地群众普遍赞同。你热心公益事业，担任学生会主席也很出色，每星期组织抗日救国宣传队，演街头短剧很活跃。我们教师谈起你时，都觉得你很优秀，品质好，经常和我们一起打网球，你的球也打得很好，你确实是德智体全优的难得学生。请你一定好好考虑，选择你的前途吧！他约我有时间再谈。

第四封信（1941年9月6日）：

今天为前线将士募捐，同学们很慷慨，争先恐后投入二元、五元、十元，忽然一个铁道管理系的女同学投入一百元，大家都很惊讶，也不由赞赏。这位女孩是新生，着装时尚，长得比较漂亮。我班同学周家骧小声在我耳边说，这位女同学叫李元慧。他又说，送走一个李长慧，又来了一个李元慧，这一百元是冲着你捐的。我说：你们别胡说。后来李元慧很大方地走到我面前说：金主席我帮助你收款。这样更鼓舞了同学的爱国热情，一个上午就收到捐款一千多元。

第五封信（1941年9月7日）：

今天是星期天，照例我同教授们去打网球，李元慧也来了看我们打球。我试探问她，你也喜欢打网球么？她微笑点点头。有个教授问她，你也来参加打吧？她说：我试试看。那位教授将球拍递给她，她接过球拍上场，和我对打。想不到她的球打得很熟练，不像初学的，观球的人一致赞赏她的球艺，尤其是女孩子很少打网球。

下球场后，我和她到学校饭厅去吃饭，我问她，你的球艺怎么这样熟练，从什么时候开始打的？她说，我在小学时人比球拍稍高一点，就学打网球，因我家有网球场，我父亲是网球运动员，我们家父母兄弟姐妹经常在一起练球比赛。我一听，原来如此，我说，你从小就打球，有基础，像你这样球艺，在女孩中很少见，以后可以参加比赛。她回答说：我父亲不批准，怕影响学习，他说打网球就是为了锻炼身体。然后我们就走到饭厅各自吃饭去了。

第六封信（1941年9月8日）：

今天下课时，有一个高考学习班以前的女生刘明昭找我说，她妈今晚要请我到她家吃饭，我不好拒绝，就随她去了。她家是当地有名的财主，屋子很宽敞，布置得优雅大方。她母亲见面时说，谢谢赏光，欢迎老师光临，又说，小女明昭，承蒙老师您精心辅导，已考上大学，我们全家都十分感激你，今晚略备便餐，聊以致谢。

这家准备的菜很丰富，摆满了一桌，菜都很名贵，有海参大虾，银耳燕窝汤等，在这战争连绵艰苦年代很少能吃到这样高级菜饭。为了请我一个人花费这么多，我心中浮起一种非常不安的情绪。饭后她妈和我聊天，问我家庭情况，这时刘明昭不在，她妈问我，老师贵庚，我答二十四岁。有没有朋友？我答，有，在医学院学习。她妈沉默了一会儿，又说：我的女儿特别崇拜你，赞扬您很优秀，德才兼备，今日我一见，老师果然一表人才，才貌双全。我说：您过奖了，我受之有愧，今晚还有课，我告辞了，再见，谢谢。

——刘明昭在70年代专程到唐山马家沟看传炳，还在家住了几天，那时她的丈夫已去世。她还带着一张传炳年轻时的照片，经过几十年风风雨雨，还能一直保存一张相片，可见她对传炳怀有深深的情感。

第七封信（1941年9月9日）：

今日组织抗日宣传，演街头剧演出《放下你的鞭子》，李元慧要扮演乡下女孩，我去为她借服装。她说：我同你一道去，可以试穿一下，看看合不合适。我们到了我的一个学生家里，他母亲见到我说：老师来了，今天怎么有时间啊？我说因演戏想找你借服装，她马上答应说，我有一些嫁衣未穿过，我看这个姑娘可能穿着合适。她从箱子内拿出一件新衣，很漂亮，李元慧见了很高兴，试穿一下，很合身，又找出一条新裤子，李穿上都很合适，就像给她量身订做的一样。李元慧在回校路上说，你的人缘怎么这样好，这位大嫂对你多热情啊。我说我给她的儿子补习过功课，后来考上了大学。她说，哦！原来如此，你真是能者多劳，也谢谢你为我借服装。

第八封信（1941年9月10日）：

今日，教理论力学的伍教授要我上他家去，我不知道是为什么，我急忙去了。他说：我曾听罗教授谈你毕业后的想法——要当一个中小学老师，我想再和你谈谈。我教你两年，发现你有数学天才，加上你刻苦钻研，现在你的数学水平在一般大学生中很难找到，你毕业后应继续钻研数学，将来定有惊人的成果。我有一个朋友是英籍华人，也是当代有名的数学家，他现在英国剑桥大学，我想你可拜他为老师，现在国内战火硝烟，不是学术钻研的环境，你好好考虑吧！我说：十分感激您对我的关心和厚爱，我会好好考虑。但是，我的内心还是愿意马上回到你的身边，暂时当教员，等你毕业后，我带你到母校——唐山交大，那时我再钻研数学。

第九封信（1941年9月11日）：

今日桥梁总公司来我校聘请工程师，工资高，待遇优越，有的同学已与该公司签约，在这抗战时期应该说是很好的工作，但对我没有诱惑，我坚定去江西永新。

第十封信（1941年9月12日）：

今日原宜生院长找我谈话：你快毕业了，教师们谈到你，都认为你有数学天才，聪明勤奋好学，希望你将来在数学这方面有所成就和贡献。现在有两条路供你选择：一是留校当数学助教，以后可以成为教授；再有，学校想送你出国，拜世界著名数学家为老师，这样你的数学天才得到发展，将来定有辉煌成绩。现在国内正在抗战，不适于做学问搞科研。我说：谢谢院长对我关心和厚爱，我会认真考虑。但我内心主意已定，就是尽快到你的身边。

第十一封信（1941年9月13日）：

今日下课后，李元慧在教室门外等我，她说：你给我借服装，还没有答谢你呢，今天我请你吃饭。我想这里都是素菜馆子，花费不会多，就随她去了。可是走进饭馆，看到桌上摆满了菜，有鱼，有火腿，有红烧肉，还有八宝饭。我问李元慧，你哪里买来这么多的高级食品，在这遍地狼烟的时候怎么会弄到这么多贵重的东西？她说，这些都是罐头食品，是我从家带来的。我又问，你家怎么能买到这些食品？她说不是买的，是特供。我问，那你爸是个高官吗？答，是做官的，省长。她接着说：不必客气，请吃吧。这样我也就不客气地饱餐一顿。这时我才知道她的父亲是高级官员，联想到她家有网球场，一般家庭当然是修建不起的，怪不得她开学时捐款那样大方，一捐一百元，震惊了全学校。

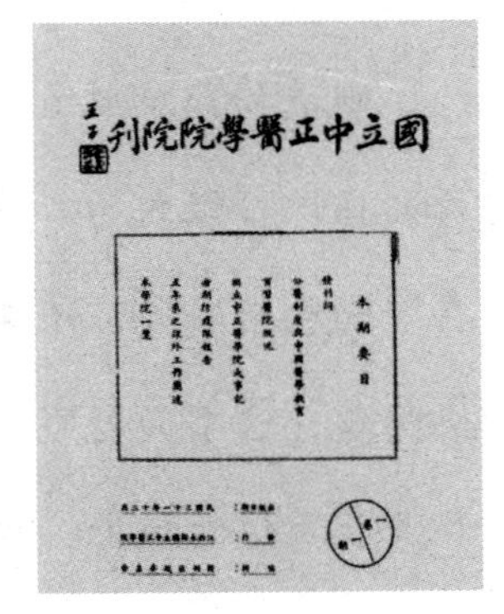
國立中正醫學院院刊
本期要目

中正医学院院刊

第十二封信（1941年9月14日）：

我将每日在校活动情况如实地写给你看，有的女孩如李元慧可能对我印象很好，总主动找我，但我丝毫没有动心，因为我心中有了你，别的女孩进不去，长慧，放心吧。你应付紧张的学习，想必困难很多，开始听英语讲课可能会有些吃力，以后就会熟悉的，你很聪明，定能战胜困难。

三十三　到校当晚给传炳回信

一连看了他的那么多封信，我马上给他回信：

刚进校门就收到你十二封挂号信，感谢你对我的惦念和关爱。你的信像日记式的，将你每天生活情况如实地告诉我，就像我们还在一起生活一样，谢谢你。读了你的信，知道你正面临毕业选择职业问题，这个问题事关你的前途，应慎重考虑。我很同意教授老师和院长对你的评价，你是个很优秀的学生，德才兼备，尤其有数学天才，应该在数学方面进一步钻研深造。而现在国内正值抗日战争，学习环境很不利，罗教授推荐你到英国剑桥大学去学习，并有著名数学指导老师，我觉得这是一个很难得的机会。传炳，你应该很好地考虑，不要辜负老师和亲人们对你的希望。我会一辈子等你，你放心，我不会找到比你更优秀的人，你是我心中的偶像。从上初中起我就单恋着你，但由于有许多罗网，那时想今生不能与你结为连理，况且你对我一直很陌生，从来不看我一眼，虽然在荆州朝夕会面，三年内我们一句话未说过。你想，你现在这样爱我，我会变心么？

如果你来永新教学要耽误五年的时光，大好青春，就要虚度。传炳，我永远爱你，放心吧。可是你毕业后若真来永新教中小学，你的才能得不到发展，耽误了你的事业，我会感到一辈子对不起你。传炳，请慎重好好考虑吧。

我毕业后，你如果不能回国，我会到英国与你结婚，我们在英国组织家庭，那你事业和爱情双丰收。传炳，一定要好好考虑，别错过这次好机遇。人生难得有几次重大机遇。去年我能到平越得你辅导功课，并且你对我这样好，爱得深，这就是我的人生一次好机遇。曼华曾断言你不会喜欢我这样爱玩爱打扮的人，你虽然是我心中的偶像，但我从未奢望你会爱我，可是最后我们竟然真的相爱。命运成全了我们，但是，我真的不希望因此影响到你的事业，你的才华应该得到发挥。

来信谈到，新进校的女生李元慧和你交往较多，我不会介意。我相信你对我的爱是真诚的，我相信你说的，你心中有了我，别的女孩进不去。因为你很优秀，又助人为乐，心地善良，当然会使一些女孩心动，可是落花有意，流水无情。我相信，我们的爱是经得起考验的。

你以后不要每天写信了，写信还要到邮局发挂号信，邮局离校那么远，会耽误很多时间，一周写一封信就可以了，寄平信，不用挂号。

我们学校环境很好，绿树成荫，鲜花盛开，宿舍很干净，我们六个新女生同住一室，大家显得很亲切，我们分别来自六个省份，能住在一起，这是缘分。

两天后就要开课了，老师都用英语讲课，开始可能听不懂，我有思想准备，定要勤奋刻苦学习，加倍努力，一步步进入医学神圣殿堂。

你不要太累了，要按时吃饭和睡觉，注意身体健康。

三十四　第一学期基础课

王子玕院长讲了第一堂课，怎样做一个合格的医生，以后就由各专业的教授讲课，他们治学严谨，学识渊博，引领我们这些学生走进医学科学这座知识宝库。中正医学院学制六年，课程门类很多，而且全部用英语教学。学校教学要求非常严格，对于每门功课，每周有测验，月有月考，期中有中考，期末有大考，上课时还有临时抽考。学校规定，一门不及格补考，两门不及格留级，三门不及格退学，而且及格线是七十分。因为学校规定的标准太高了，所以大多数学生都跟不上，以往的几届到毕业时只剩约三分之一的学生。我们这个班入学时共七十二人，而最后如期毕业的只有二十六人。

第一堂基础课是由黄教授讲生物学。他一上来就用英语讲生物学是医学的基础课，对同学们以后的学习很重要。我听得似懂非懂，内心很着急，这样下去以后怎能继续学习呢。他接着就翻开一本厚厚的原版英文生物学，开始讲第一章。我什么也听不懂，呆呆地望着老师，心想医学院这个神圣的殿堂，看来不是我这个没有经过高中学习的人能够进入的，照这样下去，我肯定只能落得每门功课都不及格，最后被退学。想到我的大学梦就要这样破灭了，眼泪打湿了我的衣襟。下课后我迈着沉重的步子走到宿舍，几个姐妹同学也都在发愁，她们都说听不懂。这才知道大家都感到很困难，原来不仅是我一个悲观失望。

班长张挽华了解到同学们听英文讲课有困难，主要原因是没有英文原版书，因此对讲课内容很陌生。于是，他就组织能刻写蜡版的同学，将原版英文书刻写油印成讲义，发给全班同学。这样在上课前就能够先预习一遍，还可以借助字典，把老师的讲课内容尽量熟悉和理解，再听课时就好多了。下课后大家都很高兴，我心里的一块石头也落了地，心想只要经过努力，我还是可以跟上的。

男生在宿舍里刻苦用功。1937年至1945年，中正医学院在江西、云南、贵州等地迁徙，坚持办学

我们晚上学习，都是到一个大饭厅里，每人点燃一个樟油灯盏，火苗被风吹得闪闪的，光线很弱，正值秋风秋雨，更平添了我们这一群逃难流亡的学生怀念父母亲人的忧乡愁绪。在这国破家亡之时，我们更应努力学习，才能报效祖国，报答亲人。我们经常攻读到子夜，然后带着疲惫的身心和辘辘饥肠回宿舍睡觉。

紧张的第一学期终于结束了，我幸运地考试成绩全部在七十分以上，真不容易啊。

三十五 六个女生的闺房

女生宿舍有六张床，床是上下铺两层，房子中间放着一张长方形的大桌子，可供我们六个人坐着看书写字。桌子两边各有三个大抽屉，放每个人的洗脸化妆用具什么的，床下有一个小箱子可以放衣物。

六个女生来自不同省份，其中有一个是南京人，经历过日军残酷野蛮的南京大屠杀，真可以说是死里逃生的幸存者。其实，我们这些人都经过逃难流亡的难民生活，不仅缺衣少食饥寒交迫，而且也都多少次遭遇轰炸和炮火。现在，我们相聚在这温馨平静的校舍里，感到像家一样温暖，有饭吃，有衣穿，有书读，还有同学在一起谈笑，想想时常真是恍若隔世。

有一个湖南同学叫谷格英，个子很矮，像小孩子，特别爱唱歌，有她在宿舍，歌声就不断。她比较聪明，物理课成绩好，但奇怪的是，她不识钟点，我们问小胖几点了，她常答，你自己去看。她还爱讲故事，我们每晚回到宿舍都很疲乏，但她很精神，总是缠着要讲故事给我们听。我们都想睡觉，她就说，你们若能听完我的故事，明天我请客。结果常常是她刚讲了几句，我们就都进入梦乡了。

还有一个女生叫赵惠君，是一个很乖巧的女孩。她的家就在江西南昌，她爸妈很疼爱这个独生女，每周都给她送来一些吃的，花生、糖果、糕点等，在抗战时期，物资很是缺乏，一般市场都买不到这些东西。她很大方，常常请我们大家一起吃，我们也就不客气。有一次我们谈抗日战事，赵惠君突然说，共产党还有一个叫朱毛的，是他们的头子，惹得我们大笑起来。可见那时女学生不关心时事。她和我比较要好，因为我们晚间总是在一起学习。有一次她跟我说，毕业后不想去工作，也不当医生，而是要找一个有学历的丈夫。我说：你真是开玩笑，不当医生，又何必上医学院，学习又苦又累，学制年限又长，那还不如上普通大学，四年就可毕业，选择学习家政专业，对当夫人又轻松又实用。她笑了，说你说得有道理，不过我觉得很不易考上这个学校，放弃了太可惜，只得继续学下去。当时我觉得她就是随便说的，不会当真。毕业几十年后，在20世纪七八十年代，我带医院医生到上海等地观摩学习，曾经两次见到她。她毕业后真的一直未工作，找了一个留美工程师丈夫，在家当全职太太，生有两个孩子。同学们谈起她，都感到不可思议，像她这样的情况，在我们同学中找不到第二个，真觉得浪费人才，很是可惜。其实她人很聪敏，长得也不错，与同学关系也都很好，我们都叫她“精怪”。而湖南那位爱讲故事的同学总是叫她“妖怪”，常逗得我们哈哈大笑，而她也不生气。一晃几十年都过去了，学生时代的这些事还记忆犹新。

我因为是助产学校毕业，懂得一些医学知识，同学们有小病总爱问我，其他班女同学也常来找我，尤其有关妇科病方面的事。这样，大家都知道我曾经是助产士。有一天，学校教务处处长来到我们宿舍，他问：你们女生中有一个助产士，是谁？我很害怕，但也只好壮着胆子说：我是。他马上说：你叫李长慧吗？我答是，心里更害怕了。他又说：下午两点到我办公室找你谈话。我想，可能大祸临头了，大概是假文凭的事被查出来了。

三十六　假文凭的风波

我自从入校后，一直很担心假文凭的事情暴露，最怕的是大学梦破灭。可是，这一天终于来了，教务处处长要找我单独谈话。

我战战兢兢地叩响他办公室的门，他露出笑脸要我进屋。他问：你是哪个助产学校毕业的，这是新兴职业，国内还未听说有助产学校啊。我答：我们的学校在湖北武昌同仁医院，美国教会办的助产学校，我们是第一班，只收五名学生，全部免费吃饭住宿，每月还发给我们八元钱，学制三年。

过了一会儿他又问：你的高中文凭是怎么一回事？我一下懵了，这一劫到底还是没有躲过去，我只好如实招来：陈处长，我没有上过高中，那是买的一张假文凭。哦，他又问，这个学期已经结束了，你的考试成绩怎么样？我答，全部及格，各门都在七十分以上。陈处长笑了，你真行，不但被咱们学校录取，还能通过我们校严格的教学考试达到及格，说明你完全符合我校学生的标准，这样，你的假文凭就不再追究了，我通知人注册。我如遇大赦，连连说：谢谢陈处长，谢谢您！

陈处长又问，你没有念高中，那考前你是怎样学习高中课程的呢？答，我是找了一个在校大学生给我补习的。问，补习了多少时间？答，八个月。他说，那你很聪敏，那位老师也很会教，在这抗战时期，报名人数多，考生质量都很高，我们校是五十人到六十人才取一个，去年我的大儿子参加考试，但最后还是没有被学校录取，他只得再补习一年，明年再考吧。我说，那您跟评卷老师说一下，录取不是很容易的事吗？他说，当领导哪能这样做呢。好了，希望你继续好好学习，将来做一个好医生。多亏陈处长成全，不然我真的可能被勒令退学，遗憾一辈子。

当然，他鼓励我的话，他的为人，对我的影响更大。

中正医学院图书馆

陈处长知道我是助产士后，学校来了参观的客人，常叫我去会见客人，并用英文说：我是Midwife（助产士）。有一个爱开玩笑的同学，不是我们班的，对我说：陈处长真喜欢你，喜欢得mid都不愿说，就说wife（wife中文是妻子）。我听后很生气，你的玩笑开得太出格了，处长的大儿子都与我们一样大了。她马上说：对不起，以后不再说了。陈处长对我是很关心，常常问我功课和生活有没有什么困难。一年后，传炳来永新中学教书，他常常请我和传炳到他家吃饭，并且称传炳是姑爷，那我就等于是他的干女儿。他的夫人更是热情周到，有时她家里改善伙食，常给我送一碗到宿舍。同学有的问，你和陈处长夫人是亲戚吗？我于是顺着说，是远亲。我真是碰见了好人，这都是缘分吧。

三十七　再次写信劝阻传炳来永新

我来校快一年了，传炳还是每天给寄一封日记式的挂号信，我已经习惯于上完最后一堂课就到传达室签名领挂号信。在日军飞机疯狂轰炸和漫天战火中，中国战时邮政系统工作很负责，也很有效率，保证了那些邮件一封也不丢失，全部按时收到。

传炳来信告诉我，他还有一个月大学就毕业了，已联系在永新中学找好了工作，教该校毕业班的数学和物理。我看信后既惊喜又生气，觉得传炳真有本事，隔着那么远，他人在贵州平越，居然能在江西这里的中学找到教书的位置。我马上给他回信，再次阻止他来永新教书：

你来永新教书当教员，我觉得你完全是浪费时光，人生苦短青春不再，你现在二十五岁，风华正茂，年富力强，已经有了大学阶段的扎实基础，进一步研究数学具备很好的条件，因为你有数学天赋，又能勤奋刻苦钻研，五年时间浪费了实在太可惜了。

你们院长和几个教授都很关心你毕业后的择业，到英国剑桥确实是你最好选择，那里还有数学老师指导，加上你很爱数学，学习钻研能力很强，将来在数学界一定能够有所贡献。

退一步讲，即使你不愿出国，留校当数学助教，以后能提升为教授，并有机会参加国内外数学研究会，可以吸取数学方面很多新理论和新成果，那样你在数学方面的才能也不会埋没。

再退一步讲，你不愿当数学教授，还可以到中国桥梁总公司当工程师。我们国家现在因为战争，桥梁和交通破坏非常严重，需要大批高级桥梁专家，你在大学学的就是桥梁理论力学专业，国内这方面人才不多，所以在你们毕业前一年，桥梁公司就到校预聘你校学生当工程师。你如果能够这样为建设国家贡献自己的力量，也是不错的选择。

我不多说了，最后希望你好好想想，等候你的满意的答复。

1942年6月中旬的一天傍晚，永新中学一个工人来我校，喊着谁是李长慧小姐？他给我一张便条，我一眼看到熟悉的笔迹，是传炳来永新了！但是，当时我不是高兴，而是像雷轰一样一阵昏眩，不仅丝毫没有久别重逢的喜悦，而是满心的歉意。我还是到他学校去见他，他满脸高兴握着我的手说，真想你，见到你太高兴了，你好吗？功课压力大吗？暑假好好休息，我来你身边可以照顾你。他见我不理不答，就说：还在生我的气吗？好了，我对你保证，五年后，你毕业了，我们一起回学校，你可在我校医务室当校医，我回学校当老师，努力钻研数学，将耽误的时间补回来，但我唯一的选择是终身和你相伴，不离开你。我说：好了，不说了，你累了，好好休息吧。

这时门外有人叫，李长慧小姐，送菜饭来了，原来是我的同班同学雷玉林要馆子送来的，我心里一阵感激和被友情温暖，她想得真周到。送来的菜很丰富，有肉有鱼，平时都是很难买到的。我们一起吃饭时，传炳故意谈学校一些趣事，逗得我笑。传炳看我终于笑了，他问：你凭心说，想不想我？我说：你真坏。

我说，告诉你两件大事，又是喜事，第一件是我的成绩经过严格考试，小考、大考、期中考、临时考，各门基础课超过了七十分，不致留级或退学，我可以正常升入大学二年级了。

第二件喜事，是我的假文凭不予追究，这是教务处处长亲自批准的，真是很危险，差点勒令退学。陈处长曾和我单独谈话，当时我害怕极了，他了解我入学考试的情况以后，觉得很惊奇，没有上过高中居然还能录取，并说他的儿子是高中毕业，去年都落榜了。后来他又知道我第一学期每门功课都及格，终于同意我继续留校学习。我说，我终于可以安心学习，再经过五年，我将成为一名医生。这首先有你的大功劳，再次感激你。久别畅叙，待我俩心情恢复了平静，他送我回女生宿舍。

三十八　传炳的数学手稿：组合幻方法

传炳为了我，牺牲太大了。他毕业时没有去英国剑桥留学从事数学研究，不止是他个人的损失。当年交大的院长和教授们都认为他很有数学天赋，学习和研究能力特别强，真可惜没有继续出国深造。等我从中正医学院毕业后，随他回到唐山交大，传炳一直在理论力学教研室任教；教学和科研虽然与数学密切相关，毕竟不是纯数学研究。

直到七十年代初，他被发配到干校劳动时突发心梗，从此病休在家。也就是从那以后，传炳才开始“专业”从事他最喜爱的数学。那些年他每年都要犯病抢救好几次，但是谁也不可能让传炳放弃他的数学。一年到头，每天都要钻研运算十几个钟头，连吃饭都觉得浪费时间，更别说聊聊天了。传炳经常说起那些数学词汇，哥德巴赫猜想、等幂和问题、自然数幻方、素数幻方什么的，从五十多岁到九十多岁，就一直在弄那些世界数学难题。我们都根本不懂，他自己乐此不疲。每次传炳特别轻松的时候，就一定是研究题目又有了新的突破，可是身边却没有一个知音可以分享。传炳的研究成果除了在母校学报上发表过几篇，更多的都没有公开。几十年写的算的那么多手稿，如今就像废纸一样堆在那里。

记得2010年5月传炳去世的第二天，孩子们整理他的遗物，四贝在传炳常看的华罗庚《数论导引》中，发现夹着的一页手稿：《表19，12阶幻方》。四贝看了一会儿，突然说：爸这个研究成果太伟大、太神奇了！四贝记得他爸说起过，他前后一共研究出了五种填自然数幻方的方法，一个比一个更简单明了；而运用最后一个方法，小学高年级学生，面对一个与3、4、5等有乘数关系的幻方阶，拿起笔就可以从1、2、3、4、5……一直往下填写。四贝说爸提到的最后一种方法，应该就是这份手稿。这个可以叫“组合幻方法”。像这个12阶幻方表，关键就是3阶幻方与4阶幻方的组合：将12分解为4×3，为9个4阶幻方的矩阵。按照这样的方法，就可以进行各乘数组合，以及多级组合（如3×4×5……）。这是把简单的乘法规律运用于幻方组合，思路出奇制胜。他这么解释了一会儿，我们也都听懂、都会了。就像捅破了窗户纸，深奥的数学原理一下子变得这么简明。

四贝说，我爸发现的这个组合幻方法不仅是一个方法，更是一个重要规律，是化繁为简的规律，所以非常有价值、有意义。

那也是我第一次开始理解传炳那么多年没日没夜的心血付出。

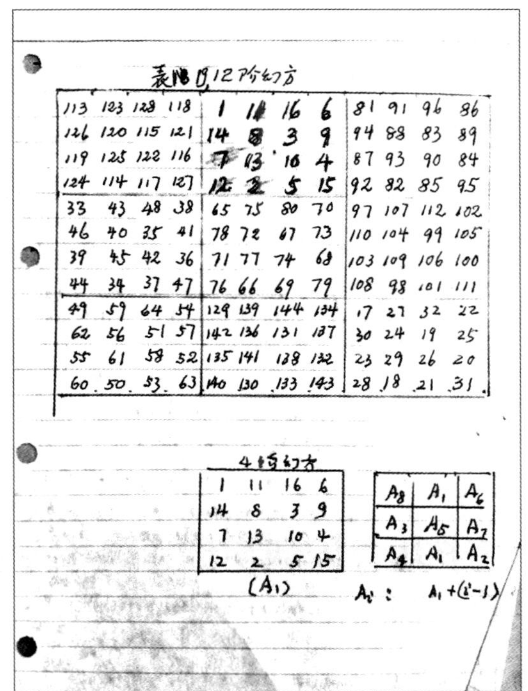

表19，12阶幻方

113	123	128	118	1	11	16	6	81	91	96	86
126	120	115	121	14	8	3	9	94	88	83	89
119	125	122	116	7	13	10	4	87	93	90	84
124	114	117	127	12	2	5	15	92	82	85	95
33	43	48	38	65	75	80	70	97	107	112	102
46	40	35	41	78	72	67	73	110	104	99	105
39	45	42	36	71	77	74	68	103	109	106	100
44	34	37	47	76	66	69	79	108	98	101	111
49	59	64	54	129	139	144	134	17	27	32	22
62	56	51	57	142	136	131	137	30	24	19	25
55	61	58	52	135	141	138	132	23	29	26	20
60	50	53	63	140	130	133	143	28	18	21	31

4阶幻方

1	11	16	6
14	8	3	9
7	13	10	4
12	2	5	15

(A_1)

A_8	A_1	A_6
A_3	A_5	A_7
A_4	A_1	A_2

A_i : $A_1+(i-1)$

金传炳数学手稿。（注：图中右下角的九宫格，有一处笔误，九格内下面一行中间的数“A_1”应为“A_9”）

我和传炳共同生活七十年，前边都是各忙各的；他病休以后的四十年，终于天天在一起了，结果他的心思全都在数学上。

这是他生命中最重要的事。

就像我是个医生一样，也许，这就是传炳该做的。

我和孩子们议论，这页数学手稿应该是2000年前后传炳八十多岁时写的。

我把传炳的手稿《表19，12阶幻方》放在这篇自传中，也是对传炳的纪念。

三十九　传炳初到永新中学教书

传炳不止一次对我说起，他初到永新中学时的情景。

一位五十多岁的老校长找我谈话，多大年龄？二十五岁。是刚从大学毕业？是。教过书吗？没有。你学的是什么专业？桥梁理论力学。现在我校高三毕业班急需教数学和物理二门的老师，你能教吗？我可以试试看。不能试试，因高三临近高考，时间紧迫，你肯定地回答，能不能教？好，我肯定回答：能教。好，那你明天来给高三学生讲数学课。

第一天上课，课堂秩序很不好，教室里说话、嬉笑、打闹的都有，我先问：谁是班长？班长应声站起来。我说，我讲课前你先要让同学们严肃些，不能说话、打闹，要专心听我讲课，你们已是高三学生了，高考临近，大家一定要很好地用功学习。请注意，我现在开始讲第一课。教室安静了，还好，学生都很用心听讲。我讲完第一课，并在黑板上演算题目给同学看，我问：你们懂了吗？学生一致回答，老师讲得很清楚，既简单又明白，我们都能懂，也感到有兴趣。

第二天上课前，有一个同学拿来一个题目，要我解答。我接过题目看了一下，这是一道难题，可能想考考我的水平。我就说，一会儿上课时，我在黑板上演算给你们看。上课时，我将题写在黑板上，我说这个题目是一个同学要解答的，我现在在黑板上演算给你们看。我边演算边讲解，做这种题应该怎样思考，从哪个方面解题。下面学生寂静得很，有的学生私语，金老师解难题真熟练。我演算完问大家，你们能懂吗？学生一致答，能懂，你讲得很清楚。我又说：这道难题是一本《数学工程题一百道》上面的，是吗？那个拿题目的学生答，是，又说，你不是学数学专业的，怎么对数学这样有研究？

一周后，老校长见到我，很热情，金老师，学生对你讲课反映极好，讲得非常清楚，易懂，易学，难题也能当时在黑板上演算给学生看，学生们对你赞赏不已。老校长又对我说：物理课我也想请你教，能行吗？因为现在我们学校老师教高三毕业班的物理课都很吃力，我也很着急，现在数学这门课有你我就放心了，真谢谢你。我看老校长着急的样子，就答应了。

传炳对教物理课也是轻车熟路，甚至不需备课，因为从上高中起，他就经常给要考大学的同学补习数理化，所以虽然没有正式当过高中的数理化老师，但教学经验还是有的。我是亲身体会到他的数理化很有功底。

传炳的讲课得到学生普遍赞扬，在永新传为佳话，让我觉得很神奇。一天，一位约四十多岁的妇女来宿舍找到我，她说：想求你一件事，你是永新中学金老师的爱人吗？金老师教学被学生佩服，赞扬声不绝于耳，我有一个儿子高中毕业，去年高考落榜，想请金老师为他补习高中课程，我家会尽量提供最好的条件，请金老师在家里吃住，另付讲课费每月一百元，你们看好吗？

晚间同传炳商量，我们觉得这份工作不错，就答应了。我们去看房子，这家是当地有名的富户，也姓金。给传炳准备的是一间朝阳的大房间，光线明亮，里面家具全有，还有单人沙发，被褥都是新的，比学校木板房屋好多了。她家的饭菜很好，做得很精细。传炳一般下午给她儿子讲课两小时，她的儿子十九岁，叫金振声，传炳说他较聪明，经过一年补习，考大学没有问题。

晚间他们家照明是洋油灯（那时的油都是进口的，所以叫洋油），比较亮，不像我们学校照明是用灯盏，就是用一个小瓷盘，倒上樟油（永新樟树多，当地点灯用樟油），放上几根灯草，在大饭厅里，常被风吹得火苗忽闪忽闪的，学习很费眼。这样我晚间到传炳那儿去学习的时候，常有两个要好的同学也很愿意同我一起去，雷玉林是同班同学，另一个叫熊遂秀，是高我们一班的师姐。传炳常给我们买一些小吃零食，我们在一起学习谈笑，既欢乐又充实。那些时光，几十年过去了，都叫人难忘。雷玉林不幸于80年代初患白血病去世，我曾去上海，在同仁医院见她最后一面。熊遂秀我两次到广州都见了面，她还很健康，请我们吃饭，还陪我们游览广州景点，现在移居香港，她也已九十多岁了。我不禁想起杜甫的诗句：

少壮能几时，鬓发各已苍。
访旧半为鬼，惊呼热中肠。
焉知二十载，重上君子堂。
明日隔山岳，世事两茫茫。

一年后的1943年暑期高考，永新中学传炳教的毕业班，有七人高考被录取，这是该校有史以来的新纪录，也是整个江西省最多的。一下子传炳名气大振，许多中学争相聘请，记得当时有宜春中学、吉安中学、赣州中学等都请他去，还有正气中学，该校是蒋经国兼校长，也出高薪聘请，结果传炳去了宜春中学。

传炳为什么离开永新中学呢？该校老校长曾说：金老师肯定走不了，因为他的爱人在中正医学院读书，他千里迢迢来永新是为与爱人相聚，他的爱人才读二年级，还有四年才毕业。可是，有一次传炳发现该校工资是两本账，传炳的工资比其他教师要低得多，传炳找到校长，他无言可答，只说：对不起，以后给你加倍补上。传炳说：你补多少，我都辞职。他说了很多道歉的话，但传炳还是要离开。

传炳辅导的金振声也考取了较有名的高校，她母亲为了感谢送来二百元，我们谢绝了。

四十　传炳在宜春中学

在各中学争相聘请传炳的时候，我们选择了宜春中学，主要原因就是宜春离永新较近，每周可以回永新一次。

传炳初到宜春，见宜春市面不大，但在抗战时期还是比较少见的繁荣。街上没有抗日救国的标语，行人来来往往很是悠闲，女性喜欢浓妆艳抹，还有几家娱乐厅，摆着花生糖果。宜春的漆器很漂亮，小茶杯、碗和小玩具，特别精致，传炳买了一些带回来。

第一天上课也是教高三毕业班，班上还有几个女学生，这在别的中学是没有的，在三四十年代小城市女孩很少上高中，到十五六岁就找婆家。传炳走进教室，满地都是花生瓜子皮，学生坐位都不固定，摆放东倒西歪，教室墙上挂着胡琴和箫。传炳问，谁是班长，众口答，我们没有班长，很自由。传炳说：你们已经是高三毕业班，马上就要高考了。下面学生答，我们考不上大学，混一张文凭，男的好找工作，女的好找婆家。原来如此，这课我教不了。他就在学生的一阵嬉笑中走出教室。

传炳回到宿舍碰见两位教师，说你是刚请来的吧，这儿的课很好教，不用备课，与学生讲讲笑话故事就可以混过去了，今天咱们去玩玩罢，传炳问去哪儿？说去娱乐厅，传炳说，我不习惯，你们去吧。

当晚，有一个教体育的夏老师对传炳说：你不去娱乐厅，我带你到女生宿舍看看。传炳觉得很新奇，男教师晚上要到女生宿舍去，就随他同去看看。

走到女生宿舍，体育老师一进门，女生们说，欢迎夏老师来，你带来了一个新老师，欢迎，欢迎，快请坐。传炳看见夏老师和女生很随便，打打闹闹的。夏老师介绍，这是新聘请的金老师。女生们七嘴八舌赞赏说，哎呀，这位金老师长得真帅，儒雅风度，不像你整天嘻嘻哈哈，没个正形。传炳觉得很反感，这哪有一点学校的气氛呢。

第二天传炳找到校长，我教不了贵校的书，很抱歉，我退职。

四十一　解剖室一场虚惊

1942年我很幸运地升入大学二年级。在那抗日战争的艰苦年代，同学们个个都珍惜来之不易的学习机会，奋力拼搏，争分夺秒苦读，可还是有许多同学留级甚至被退学了。所以，能够顺利升级，确实既幸运又非常珍贵。

二年级的基础课有五门：组织胚胎学、有机化学、微生物学、药理学，还有人体解剖学。

解剖学是由国际著名的许天禄教授指导我们学习。我们一班同学都是初次进入解剖室，赫然看见里面八张长条桌上面躺着八具尸体，真有阴森森的恐怖感。许教授很熟练地搬动尸体，拿着手术钳和刀，切开尸体皮肤，露出内脏、血管、神经等组织，向我们详细解说。二十多人挤在一起，有的地方看不清楚，我心里很着急。因为解剖学是当医生最基础的知识，夜间下晚自习后，约十二点多钟，我下了最大的决心，鼓起勇气，自己到解剖室，想仔细看看尸体的各个组织。我点燃一支小蜡烛，火苗被风吹得忽暗忽明，我踏进尸体室，里面一阵阴凉的风向我迎面吹来，当时真是全身发抖。看见我们班组用的尸体是扑着身子，也就是还需要整个翻过来，对我来说，这不但害怕，还很费劲。我这时心慌气短，手也颤抖起来，最终我还是鼓足勇气，用双手一点一点地接近尸体。突然，那具尸体自己动了起来，竟然还慢慢地在我眼前翻过来了。我惊恐至极，突然想到是惊尸了。因为小时候常听奶奶说，尸体摆在那里，有人抚摸的时候，就会惊尸。这一吓我可是灵魂出窍，一下子昏倒在地。原来，是班长张挽华过来在一旁帮我。他去上厕所，看见尸体室有微弱的灯光，他从窗户看了一眼，我正在翻尸体，就赶紧进来帮我一把。他说，我以为你知道我进来了呢，真没想到会吓着你，实在对不起。他又对我说，以后夜晚你可别自己一人来，这样吧，我找几个男同学，喻江山、赵福生、谢天华和我，我们共同来学好解剖学这门基础课。从此，我们几个同学就在夜晚到尸体室共同学习，边对照尸体边研究讨论，人多了，没有恐怖感，记忆也很深。期末考试，我们五人都是成绩优良，得到许教授的好评。

现在每每回忆起当时的情景，很是怀念那时男女同学之间的友谊，就像兄弟姐妹一样亲切纯真。

四十二　传炳到中正医学院任教

我在三年级时，内科教授有事请假，王院长给我们上课。王院长真是博学多才，不论哪一科教授请假，他都能代课，也不用备课。

下课后我正走出教室，王院长叫我，Miss李，你的爱人在永新中学教书，很受学生和家长的赞扬，听说江西各中学都争相聘请，他现在在哪儿？我说，他昨天刚从宜春回来，校长。他是去宜春中学吗？是的。他马上说：宜春那个地方哪里有一点学术风气嘛，他可教不了那里的学生。我答：他仅去了两天就退职了。那好，咱们学校正需要物理教员，请他到咱们学校，明天上午八点要他到办公室来找我吧。王校长又问：他能用英语教学吗？我说：他在唐山交大是英语教学，他从小在荆州天主堂有一个美国牧师教他英语，他口语也很熟练。那太好了，王校长说。

第二天见到校长，王校长上来就用英语问他，你能教高等物理

中正医学院学生在生物实验室实习专研

吗？传炳熟练地以英语回答。他满意地笑了，继续用英语说，你很适合我校教师的标准，并握握他的手，说明天你来和一个物理讲师见面。

物理讲师叫诸士贤，他对传炳很冷淡，似乎看不起，他说，你很年轻，刚从大学毕业，也没有教学经验，那你先上课试试看吧。在教研室，诸老师说：你今天给同学讲第一章，这是高等物理原版书。传炳知道对方是在故意为难自己，不给备课时间，就直接上讲台。但传炳心里有底，因为这本高等物理他已经看过。

上课铃响了，传炳穿着整齐的中山服走进教室，下面一阵掌声。诸老师用中文说，同学们，这是新来的助教金传炳，他特别加重语气说“助教”两个字，然后又加一句，刚从大学毕业。

传炳从容大方走上讲台，开始用英语说：同学们好，我很高兴与同学们一起学习物理，希望我们共同努力将这门基础课学好。下面又一次掌声，纷纷感叹，金老师英语说得真流利，标准美国音。

诸老师也坐在下面听讲课，传炳在讲台上翻开原版高等物理学，仅仅看了第一章标题，就用英文讲解下面内容，并在黑板上将重点写上，要同学们熟记。教室非常安静，有的小声说，金老师对物理真有研究，你看他不看课本，能用流利英语讲解书本上的内容，英语教学也非常棒。一堂课讲完，学生都起立鼓掌，齐声说：金老师谢谢你。诸老师低着头，默默无语同传炳走出教室。

由于学生都赞扬传炳业务水平高，英语教学也非常棒，因此在学校内传得很热闹，有的女同学爱评头论足，并说传炳有才有貌，英俊潇洒。诸老师听了这些很生气，就想挑传炳的毛病。

有一天大清早大约六点多钟，诸老师急急忙忙跑到传炳宿舍，敲门很急促，边敲边说快开门。几分钟后，传炳穿好衣服开门，诸老师进屋一看说，就你一个人在屋里，我以为Miss李和你在一起。传炳听了很生气，说你给我出去，将他一推，他仰面躺在地上，因传炳个子高他一头。诸老师大喊金传炳打人了，这时有同学过来将他扶起，大家议论纷纷，金老师很有气质，温文尔雅，怎么动手打人呢？我听见这消息也很担心害怕，刚上几天班，给师生的印象太没礼貌了。

当天，王校长找他们俩谈话，听完他们两人说的情况，王校长说：诸老师这就是你不对了，有失礼貌，早上六点去急急拍门，你还说，以为Miss李和他在一起。他们两人是一对恋人，就是在一起，也不应去打扰。金老师一时对你的行动和言语生气，推你出去，你倒在地上又未受伤，这事就摆平了。你俩回去吧，希望将来你们合作将课教好。

接着上物理课，由诸老师自己讲，要传炳坐在下面和同学一起听他讲课。他要同学翻开物理学，说上一堂课由助教金传炳讲了第一章，我今天给同学讲第二章。他照着书本念，一字不差，但不会用英语解释。一堂课完了，同学议论诸老师不是在教物理学，而且照着书本念，也不解释，和我们自己看书一样，我们还是要求金老师给我们讲。同学们找到校长提出要求，于是王校长对诸老师说，你作为一个老讲师姿态要高些，既然同学们一再要求金传炳讲，就让金传炳讲，你也随课听他讲，有不对的地方，你给予纠正。

几天后，诸老师递交了辞职书，王校长给予批准，这段纠纷算是结束了。传炳一直担任物理教学到学期终了，深受学生好评。

到抗战胜利时，学校迁回江西南昌原址，要大兴土木，建教学和宿舍等楼房，专门请了两位建筑工程师。一天，传炳到校长办公室，碰到两位工程师和校长在看一张美国建筑图纸，但有些建筑专用名词他们都看不懂，正在为难，传炳就在一旁给他们翻译成中文。王校长当时很惊奇，你还懂土木工程？传炳回答说，我修学过土木工程专业。校长说，那正好，你来参加设计施工吧。这样传炳又开始每天忙碌于设计绘图，还到工地看施工是否达标。那时他白天忙于工地，夜间设计绘图，一张张标准规范的建筑图纸，得到校长和工程师的赞扬。因为两位工程师岁数都比他大得多，叫传炳为小金。两个工程师图纸设计方面弱一些，而传炳对于现场实际施工经验少，他们互相学习，取长补短，合作得很愉快。

四十三　风雪走长汀

1944年夏天，由于日寇侵入，我们从永新迁往南康。学期刚结束，日寇魔爪又伸入赣南，学校便决定迁往福建长汀。在那战火纷飞兵荒马乱的年代，学校经济困难，已经无力解决学生生活和旅费，可我们这些流亡学生也无经济来源，不得已只得将自己仅有的衣物卖掉一部分。大家把衣服、书籍、手表等拿到街头摆摊卖，可是看的人多，人们不是来买破旧东西，而是看着一群大学生卖东西觉得稀奇。我们守着摊子，一两天一件东西也未卖掉。而有一个广东的男同学叫李滚汉，他不摆摊，而是拿在手里提着，有的搭在肩上，手表戴在手上，串户走街叫卖，结果很多东西都被他卖掉了，帮助了很多同学。但这只是杯水车薪，也解决不了生活费和旅费。我们班的班长张挽华很热心，积极想法解决同学的生活困难，他将学校里课桌、椅子和钟卖了，又将同学零星的钱集中起来，买了三辆独轮车，这样好多同学的行李衣物，都可以装在车上了。男同学们都觉新鲜，都争着当独轮车的车夫，可是刚一上路，车子就倒了，人跌倒在地，谁也驾驭不了这种奇怪的车子。传炳由于我的原因也和我们班一起逃亡，看见他们都掌握不了平衡，一推起来就东倒西歪，传炳说，我来试试，结果他推着独轮车倒很平稳，行驶很快。他告诉大家用力的窍门，几个男同学都学会了，三架独轮车同时前行，大家很是高兴。有次到了一个小镇，班长给我们改善生活，大米饭，煮白菜，还放一点猪肉，现在回想起来还觉得滋味鲜美。

我们去长汀时，正值严冬，北风凛冽，风雪交加，加上山区的羊肠小路，荆棘丛生，头上淋着刺骨寒冷的雨雪，脚踩在湿滑的冰块上，走一步都很困难，经常是腹中空空，一天要走几十里的山路。

学生提着显微镜搬家。战争年代的教学设备非常短缺、简陋，仅有的120台蔡司显微镜几乎是中正医学院生物学实验室的全部家当。

我们经过的地方都是荒山野岭，渺无人烟，如果有座破庙或祠堂，那就是最好的住宿之地了。每当我们走进一座庙内，满屋都是尘土，遍布蜘蛛网，几个破烂残缺的造像倒在地上，气氛荒凉而诡异。好在我们是小集体，有男同学壮胆，胆小的女同学也不那么害怕了。同学们找来一些乱稻草，铺在地上，往上面一躺，觉得舒服极了。但一会儿北风呼啸，才提醒你是人在旅途。门窗已经破烂了，我们盖的被子又薄，身下的草也是湿的，虽然很疲乏，但还是难以入睡。太冷了，全身战栗，还有老鼠在身边蹿来蹿去，更吓得不能安睡。到早上起来，稻草上都结了冰，脚都冻得裂口出了血。

最难的一天，也是最苦的一天，就是从瑞金到长汀。路上要翻过一座大山叫牯牛岭，上下约九十华里，因为山上无人烟不能住宿，所以必须一天赶过去。记得那天半夜就起来，匆匆吃了饭，天刚蒙蒙亮就动身了，穿上又湿又硬的草鞋，在冰天雪地里爬山，真是想不到的艰难。经常是前进一步，又滑下几步，有时只得手脚并用爬行。没有水喝，更没有饭吃，就是在这样极度疲劳的情况下，我们终于一天走完了九十华里，到长汀时已是万家灯火。大家连到达目的地心生喜悦的力气都没有，有的同学等不到进屋便就地躺了下来，因为实在是太累了。

那一天艰难的长途跋涉，叫人终生难忘。

四十四　在江西南昌医院实习

当我第一天穿上白大衣走进病房，感慨万千。度过了五年艰苦学习、紧张考试的生活，实现了我的幻想和美梦——当一个医生。饮水思源，不禁感谢我的引路人——传炳。

当时指导我实习的医生是上一班学兄——谈元生医生，初次见面他对我很热情，详细地告诉我，做一个医生首先要具有高尚品德，对病人要有同情心，责任心，尽力为他们治好病，帮助他们恢复健康。

他又告诉我做一个实习医生应做的工作，一个实习医生要管理十张病床，每天在上级医生查房前，要检查病人，用英文写好病历。必须详细检查病人，不能疏忽遗漏，还要亲自化验病人血、尿、大便，这些事都要在上级医师上午八时查房前完成，所以当一个实习医生很辛苦，每天要四五点钟早起，才能完成这些工作。

谈医生又很关心地嘱咐我，今天是老专家杨济时博士查房，他很严厉，要求严格，你可当心点。听他这么一说，我心情又紧张又害怕，刚刚在心间涌起的一丝当医生的喜悦已消失了。

八时整，杨教授来了，整齐的服装，外穿一件雪白平整的白大衣，步伐稳健进入病房。躺在床上的病人齐声说：杨教授，早上好。

谈医生向他介绍我，这是刚来的实习医生，第一天上班。杨医生微笑地看了我一眼，问我：你是中正医学院的学生吗？我说：是，您还教过我班内科学。哦，记起来了，是觉得面熟。他走向病床问，这一床是新进院病人吗？我答是，他改用英文对我说，你将患者病历及初步印象说一下，我也用英语回答，报告病历及初步印象，他满意地笑了。看他走到该患者床前，向病人说：老大爷，我再为您检查一下好吗？那病人高兴地答应，太好了，平时挂您的专家号都很难排上。当时室内温度较冷，已是深秋，没有暖气，我看杨教授将听诊器头塞入他的袖口里，大约二三分钟，才取出听诊器，未敞开病人衣服，而是从衣服下沿将听诊器头伸进听诊，他怕病人着凉。这关心体贴病人的举动，使我很受教育和感动，在他身上充分体现医者仁心仁术、人文精神的具体示范，心中不禁浮起一种敬佩的感情。他不仅是一个德高望重的专家，而且医技医德双馨，是医者父母心的最优秀典范。正当我看他一举一动，对病人检查细心爱护，对病人从言语上亲切热情关怀，他忽然抬头问我，这位老大爷在腋下有一颗带毛的痣，你报告病历没说，我一下脸红了，心直跳，想他会大发脾气训我。但他轻言细语对我说：做一个医生不仅要有医术医德，还要细心检查病人，观察病情的发展，你知道这颗痣可能危及病人生命，痣上有毛，已有炎症、疼痛感，可能癌变，应尽快切除。我听了他的话，感到很惭愧，更生敬畏，是杨教授给我树立了一个做医生学习的楷模。

在病房里，护士们不停地忙碌，为病人输液，喂药……但引我注意的一个护士正给一个瘫痪在床的病人换床单，屎尿弄得一手，老人很不好意思，带着歉意说：对不起，一会儿女儿要来，要她换好了。护士很客气地回答老人，您不用过意不去，现在医院就是您的家，我们就是您的亲人，希望您在咱们医院医生护士精心治疗优质护理下，很快恢复健康，这是我们医护人员共同的心愿。目光所及之处，处处都充分体现这个医院以人为本，珍爱生命。

回到宿舍，回想当实习医生的第一天，很受教育。在学校，老师们教给了书本知识，今天知道做医生不仅要掌握丰富的书本知识，更重要的要有很高的思想境界，医术加医德才是一个好医生。

这时回宿舍的班友谷格英悄悄地回来了，我感到很意外，我问小胖，大家都这样叫她，今天怎么没听见你的歌声？她说：当实习医生一天，气死我了，指导我实习的医生叫马东生，特别刁难人，我写了一份病历，他看了一眼，就生气地说，不行重写，他又没有指出错在哪里。我压住心中怒火，又仔细写了一份，交给他，他说放在这里，我有时间再看。明天，我找院长，不在他管的病区中实习了。我心想自己还很幸运，碰上了好老师。

我在内科实习了五个月又转到小儿科。当时小儿科病孩很多，

父亲李宝常书法

床位满，打地铺，多半是呼吸道疾病，听护理人员说：今天有留美学者杨显素医师查房。当时该科主治医师范雪英对我说，有一个患儿高热不退已有一星期了，诊断不明，正好请她会诊，你也去看看小孩。我走到患儿床前，是一个约三岁女孩，长得很可爱，但高热不退，很虚弱，我检查她的胸腹部及口腔，未发现异常。正这时，杨医师来了，她有四十多岁，微笑着向我们医护人员频频示意。范医生将高热不退的小孩病史及检查治疗情况向她介绍后，杨医生仔细检查小孩的口腔、胸腹部，我看她反复触诊和听诊孩子胸部。然后她要我听诊和触诊胸部，两侧对比，我觉得两侧胸部有差异，但不知怎么一回事。她告诉我说：一侧可能内有脓液，触诊音浑，听诊呼吸音低。经她指点，我明白了，她说马上拍一张胸片。孩儿的父亲听说要拍片，着急地说：拍胸片要五元钱，这数目是我们一家半个月生活费，现在每天一元的住院费我家都发愁呢。杨医生考虑一会儿说：你们为我准备好胸穿仪器。她亲自为患儿做胸部穿刺，结果从胸腔抽出黄白色脓液，孩子发烧原因找出来了，诊断正确，治疗恰当，孩子很快退烧了。

她说做一个医生要练好基本功，即望、闻、扣、听，具体到这个孩子，一望就知道她病重高热，很虚弱，精神萎靡，神情淡漠。因高热，在小儿来说多半身体哪部分有炎症，现在是呼吸道病流行季节，要重点查胸部，扣、听，两侧肺部对比，就可能知道一侧肺有病。病侧扣诊是浑音，健侧是清音，听诊，病侧呼吸音减低，这样就可知道哪一侧肺有病。她又说：做一个医生要细心耐心检查病人，才能得出正确诊断。用最便宜的药，最简单的治疗方法，把病人治好，这样才是好医生。治疗切忌贪大求洋，故弄玄虚，让病家多花钱。

这些金玉良言，我永远铭记在心，伴随我从医六十年。

四十五　令人尊敬的老师

中正医学院王校长是一位令人尊敬的长者。据说，王氏家境贫寒，童年时在当地教堂当勤杂工，工作勤奋，得到教士赏识，教会供他上学，后来到日本留学八年，又去美国深造十一年。他常笑着对同学们说："讲英语、日语么，那我是个外国人啰！"

他对医学教育事业全力以赴鞠躬尽瘁，为国家培养出大批人才。1943年，日寇侵犯赣南，因学校已多次迁校，王氏在动员大会上，情不自禁，老泪横流，声音沙哑地说：这可能是我们最后一次迁校了，希望全体师生要克服一切困难，到达目的地。言词恳切，师生们深为感动。正值冰封雪飘时，同学们肩挑行李，脚穿草鞋，长途跋涉，终于到了目的地福建长汀。

王氏之学者风范，受到社会各阶层人士尊敬。他特别注重仪表及处事对人的态度，要求同学们既要有渊博的知识，又要有高尚人格品德。抗战胜利后，医学院获得救济物资很多，他始终是两袖清风。1942年在永新时，他在一次大会上说：我不会发什么财，要发财就是棺材。言词坦率，光明磊落，听之无不动容，至今犹记在心。

学院的陈心陶教授为国际著名寄生虫学家，曾获美国明尼苏达大学理学博士学位，在波士顿大学进修比较病理获博士学位，回国后在广东岭南医学院任教授。广州沦陷后，他带领学生到中正医学院，在这里执教，所以我班有幸得到他教寄生虫学。他教学严谨，考试严格，经常在讲课中间停止讲课，发试卷小考，题目就是他当时讲课的内容。因此上他的课都聚精会神听讲，并且要认真记忆，无人敢懈怠。大考时他用一面铜锣报时，二响是提醒学生时间快到了，一般离交卷前五分钟，他就敲第三响停笔。我们上他的课都很紧张，但又非常敬佩他一丝不苟、严格要求的精神。他很注意实践，检查学生学习的效果，常拿一些标本，在显微镜下一个个辅导学生，直到学生熟悉为止。我始终怀念他，深切感谢他培育了我们严谨的学习和科学研究精神。

我和陈教授还有件值得庆幸的事，在1959年开全国群英会时，我们师生竟然重逢。那是在会议休息时，忽然听见一位长者叫我的名字，我非常惊奇，一下认出是陈心陶教授。我说：陈教授，您的记忆力真惊人，您教那么多的学生，事隔十多年，还记得我的名字。他笑了说：不仅记得而且印象很深刻，当我在南昌中正医学院教书的时候，每天都能见到你。听他这样说，我很奇怪，他看我痴呆的表情，笑笑说：你别紧张，你记得么？在南昌照相馆，有你一张放得很大的照片，挂在很显眼的位置，我每天上下课都从那里经过，所以对你很熟悉了，记忆也深刻，今日一见就认了出来。

当我和陈教授说得热闹的时候，一群记者围住我们摄影，一张又一张，他们说这是大会新闻喜讯，事隔十多年师生相聚同时参加全国群英盛会，可喜可贺。可惜那些照片都在浩劫中化为灰烬。

历史照片和好多过去的东西，在动乱中不是毁于抄家，就是自己事先给销毁了，如果偶尔留下一点东西，不知道就会招来什么祸患。

那是1945年抗日战争结束了，学校迁回江西南昌，传炳负责建校工程，还兼任教一年级新生高等物理课。由于传炳讲课有经验，条理分明，同学们反映都很好。有一个女学生叫白莉莉，在自习时间到传炳宿舍补课，起初有一个女伴，以后就单独一人去，没有什么要解答的问题她也去，常同传炳聊天，有时还躺在床上休息。传炳没有介意，以为她是一个孩子，不太懂规矩。一次她很高兴地对传炳说：我父亲给我来信了，你看看。传炳接过信，信上说：你能有这样德智体兼备、长得又英俊潇洒的老师，真是幸运，希望你们师生友谊长青，幸福美满。传炳看了信很感意外，便对她说：白小姐，我已有朋友，在南昌医院实习，一年后我们就结婚，对不起你的厚爱。她哭了说：我知道你有女朋友，但我觉得你是我理想中的人，看来是我不自量，对不起，从今后，我不会再打扰你。请你送我一张照片作为永久的纪念，我也送你一张穿着我父亲军服照的。

1959年出席全国群英大会开滦煤矿代表合影

就是这张照片，我将它贴在照相册上，可在那场动乱中，成了我的重大历史问题，他们肯定地说，相片上的女人是国民党特务，说我与她关系密切，要交代与她干了多少坏事。说我是混进党内的特务，解放这么多年，又是党支部委员和医院院长，泄露了多少党的机密，要老实交代。每天劳动改造之后，还要接受几个小组轮流批斗，深夜回家再写检查，第二天必须上交。天哪！哪是人过的日子。我几次想服下一瓶准备好的安眠药，但想到这个家年幼的孩子年迈的老人，想到同甘共苦的丈夫，我还是活了下来。

四十六　母校回眸

青山依旧，岁月无声，半个多世纪以前，母校在那种艰难条件下的纯朴严谨校风和奋斗不懈的精神，至今记忆犹新。由于日寇疯狂侵略，战火蔓延，迫使学校在八年中七次迁移。饱尝战乱之苦的同学们，勤奋学习，用民房、教堂、仓库，因陋就简建立教室和实验室，没有教科书，便由上一班同学读完后转让给下一班同学继续使用。许多实验仪器也都很破旧，但显微镜却是最好的，人手一台，染色片看得很清楚。同学们在一灯如豆的暗淡下彻夜攻读，解剖室二十四小时不息灯，尸体旁从不离人，显微镜前座无虚席。同时，各年级文体活动非常活跃，定期组织篮球比赛，文艺活动演出《日出》《雷雨》《塞上风云》《孔雀胆》《岁寒图》等，轰动一时。当时伙食标准很低，经常是每人每顿仅一小包米饭，水煮白菜，看不见油滴。艰苦生活锻炼了同学们的精神素质，培养了吃苦耐劳艰苦奋斗的精神，为以后工作打下了坚实的基础。我院毕业的大多数人在事业上和学术上都有很高的建树，他们任大学校长，国家研究所所长，医院院长，援外医疗队长，联合国世界卫生组织委员，成为著名医师、专家、教授和科学家及学术带头人，他们为祖国做出了卓越的奉献。

我们班到毕业仅有二十六人，离校前夕，回想几年来兄弟姐妹般的友情，马上要毕业分别，以后各自天涯海角，不禁使人万分惆怅、心酸和留恋。班长张挽华提议，在离校前要吃我和传炳、谷梅英和李叔甫的喜糖，同学们一致鼓掌赞成。谷和李是同班，已相恋六年。那时还在打仗，社会一片混乱，什么机关都没有了，更谈不上结婚登记处。因交通中断，离婚也找不着人，所以传炳也未办离婚手续，一直在解放后有了派出所才与前妻万氏离婚。当时，我们两对新人买了一些糖果，请了两位教授主婚，请同学吃糖，就算是婚礼了，同学们送我们各家一床单绣被面。

传炳急欲回唐山交大，将伴读我五年的时间补回来，争取在数学领域有所成就。当时南昌建校工程正在紧张进行，传炳还是建造大楼的主要设计绘图者，所以王院长诚意地挽留他，并给以优厚条件：一是我可以马上有工作，在学院当助教，二是传炳提升为副教授，三是学校给我们单独住房，四是加薪。这些条件在当时是很难得到的，但传炳不为所动，坚决辞职要回交大。王院长最后为了感谢他的教学和工作成绩，送给他二百元。

当我手捧毕业证书，要离开学校时，不禁感慨万千。从复习报考入校到毕业的七年时间里，传炳为我付出了太多太多。在平越给我补习八个月，我入校后，在一年时间里，给我寄了三百多封挂号信。在五年的伴读中，每天我上完最后一堂课，他为我送来晚餐，无论是严冬酷暑，路远路近，照例都是一个鸡蛋、一份主食和一份水果。在那艰苦的战乱年代，使我的身体能承受学校严格的学习和考试制度。当时因生活困难营养缺乏所致疾病的同学很多，最后身体不能支撑留级甚至退学，而现在我能顺利完成学业，成为一名医生，怎么能不感谢传炳呢。

父亲李宝常书法

四十七　回沙市看望父亲

因战争时期社会混乱，我已有十多年未见到父亲，真是魂萦梦绕，就想先回沙市探亲，再去唐山学校。好在正值暑假，传炳也同意。我们路过武汉时，在当地照相馆拍了几张结婚照，后来一直放在我们的相册上，增色不小，人见人夸，可惜都在运动抄家时消失了。

见到父亲，我的眼泪不禁流出，他比十多年前衰老多了，已七十八岁高龄，但精神还好，视力和听力均好，思维还很清晰。在这段时间，父亲给我写了一本小传，那是一本裱糊得很精致的小册子，封面上写着《长慧季女小传》，夸我小时“聪敏胜男儿，更兼窈窕姿”，又说传炳德才兼备，“喜得乘龙婿”。可惜这本珍贵的小册子也毁于“文化大革命”中。

那时正是炎热夏天，晚饭后，父亲常同我俩还有刘曼华到沙市中山公园乘凉。刘曼华还在上海交大读书，放暑假回家故友重逢，格外亲切，十多天没有离开我们。

我们走进公园，服务人员很热情地迎接，还送上一壶茶，父亲说在这战乱期间，你们可能未喝过这样好的茶。我们每人倒了一杯，清香扑鼻，喝在口中，有股清凉的感觉，父亲说，这叫消暑茶。一直到现在，我还能回味起那茶香气。过了一会儿又送上一盘水果，切好的一片片摆得很好看，有红的、黄的、白的各种水果，清脆可口，留有余香。当时我心里暗自奇怪，父亲怎么这样受欢迎呢，他没有说喝什么吃什么，就都送上来了。还有两个小女孩服务员，亲切地叫父亲爷爷，走到父亲身边给他扇扇子，有的给他按摩肩背。我当时很欣慰父亲有这样崇高的威望，赢得人们的尊敬和爱戴。在家十多天，每晚必到公园乘凉，每当我们回家时，服务的女孩还采摘一些花送我们，香气袭人，记得有栀子花、白兰花、晚香玉等，带回家满屋生香，伴我们进入甜蜜梦乡。父亲为创建沙市中山公园花费了很多精力，这里的一草一木都体现着他的心血，所以我们每晚到公园都受到如此热情的接待。

离开沙市时，父亲送我们三件古董。一块精美的砚台，父亲说是康熙皇帝御赐的，很珍贵。还有一个镂空铜球，里面可点香薰被，这个铜球无论怎么滚，里面香烟盘都是向上的，听说是慈禧太后的遗物。父亲还给了我们二百块银元。这些珍贵文物都在那场动乱中丢失了。

本来我们还要去看望公公婆婆，他们抗战时逃难到重庆后，就在那里定居。因路途不便，传炳说下次再去。

金荣甫（1892-1969）

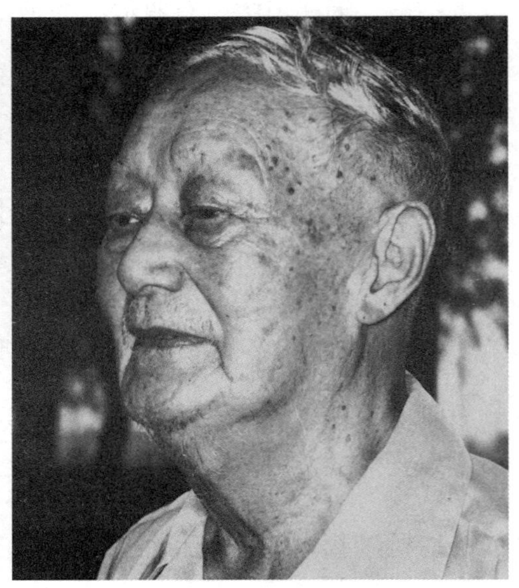

金传炳（1916.12.25-2010.5.28）

金家也是荆州大户，祖籍江西新建。传炳的父亲金荣甫曾为荆州商会主席，而我们印象更深的名字是金孝炎。因为按照家谱，金家的名字辈分是：“忠孝传家”。传炳父亲是孝字辈，金孝炎；传炳是传字辈，小叔小姑叫金传新、金传武、金传慧；再往下是家字辈，传炳和前妻的孩子叫金家成、金家瑞。我们的孩子也应该排家字，但那时讲新思想新文化，孩子就取名金慧、金雨、金雪、金辉、金欣，小名叫大贝、小贝、三贝、四贝、五贝。

我们李家的辈分字序是：“天宝长华”。我的祖父李树蕃，字芙塘，为什么没有带“天”字的名字呢？小时候我似乎问过父亲，父亲的回答我记不清了，但是，“天宝长华”四个字，我记得非常清楚。父亲是宝字辈，李宝常，伯父李宝镛。到我这辈，都是长字：李长慧，我的姐姐李长芳、李长源、李长芝，妹妹李长芬、李长珍。父亲无男孩，下面的华字辈也无从排起了。

我们的孩子虽然没有按照家谱字辈起名，但是从他们身上，我很欣慰地看到了传统文化血脉和家族精神基因的代代相传——

忠孝传家

天宝长华

资料

唐山交通大学

唐山交通大学

唐山交通大学创建于1896年，时称山海关北洋铁路官学堂（英文名：Imperial Chinese Railway College，直译：中华帝国铁道学院），后迁唐山，更名为唐山路矿学堂。该校先后定名为交通部唐山工业专门学校、交通部唐山大学、唐山交通大学、交通部第二交通大学、交通大学贵州分校、唐山工学院、唐山铁道学院等，一般习惯上称为唐山交大。1971年迁往四川，更名西南交通大学。

1916届毕业生茅以升在美国康乃尔大学的优异考试成绩，为所有唐山交大学子获取了免试入学攻读研究生的资格，从此唐山交大在国际声名鹊起，被誉为东方康乃尔。1916年中华民国教育部举办全国74所高等学校作业成绩评比，该校以优异成绩荣获全国第一名。

唐山交大是民国时期的著名大学，在世界上也享有盛誉。唐山交大是培养中国近现代发展史名人的摇篮，其学子创造了上百项全国第一。它还是中国著名大学（研究院）的渊薮，孕育了多所亲缘高校。唐山交大作为中国近代土木工程、矿冶工程、交通工程教育的发祥地，为中国的近现代化建设培养了大批人才。该校先后培养出73名国内外著名院士，其中中国科学院院士37名、中国工程院院士19名、中国科学院和中国工程院双院士4名、中央研究院院士6名、美国国家工程院院士3名、英国皇家建筑学院院士2名、第三世界科学院院士2名。著名校友有茅以升、竺可桢、林同炎、杨杏佛、黄万里等。茅以升曾四次出任交大校长。

抗战时期唐山交大南迁湖南湘潭，复至贵州平越，1944年底迁重庆，1946年回到唐山校园。1948年11月至1949年6月，学校曾暂迁上海。

四十八 毕业后随传炳到唐山交大

在家乡沙市与老父亲团聚十多天，时间匆匆而过，最后依依不舍地离别，想不到竟是永别，成为终身遗憾。

我们从沙市乘轮船到上海，再乘海船到天津。我听说要乘海船特别高兴，我从没有坐过海船，想坐在海船里观看大海汹涌的波浪，一定很美。可是当海船开动以后，站立不稳，头昏眼花，想呕吐，太难受了，只能躺着，不能吃，连水都不能喝下。这样经过三天三夜的折磨，才终于到天津，我像得了大病一样身体虚弱，走下船舱都要人搀扶。

进入唐山交大，那时北方天气凉爽，不像南方酷热。校园环境宁静优美，满院不知名的鲜花盛开，郁郁葱葱绿树成荫中隐现几栋红色瓦顶的小楼。传炳介绍说，小楼是教授的别墅，心中浮起一种美好的感觉。这里环境如此安谧，没有硝烟的翻滚和战争的恐怖，

年过九旬开始写自传，悠悠往事历历在目，一笔一画回顾人生

我感觉走进了世外桃源。

学校为我们安排了新居室，更令我兴奋不已。是一幢小平房，面积约一百多平米，装修得很漂亮，有卧室、客厅、卫生间，有自来水、抽水马桶。经过流浪逃亡生活的人，才觉得这时的幸福。

学校要开学了，传炳被安排在力学教研组当讲师。他的大学同班同学郭宏德当时也在学校任教，特地来看望我们。他特别告诉传炳，你要去工作教研的教授是留美的老杨教授，此人要求严格，脾气大，已辞退了三四个助教和讲师，你可当心点。传炳说：谢谢你，我会尽力将工作做好。我听后很担心，颠簸流离十多年，现在终于有了一个安乐舒适的小家，觉得是人间天堂，可千万别再有什么变故了。传炳说：你放心，为了你，为了我们新家，我会尽力做好这份工作，杨教授会欣赏我的。我笑了，说你怎么变得这样会说好听的话了。

但传炳第一天上课回来，表情不太高兴，我觉得可能发生问题了。他说：这位老教授很傲慢，看不起人，初次见面，就问我教过书没有？并说，你做我的助教试试看，多大的口气。我说，他可能看你年轻，没有教学经验，以后他会了解你的数学功底和教学能力。

上课已有几周了，杨教授逐渐了解传炳的数学基础好，解答问题快而简明，对传炳态度不再那么严肃，而是有问题互相讨论研究。一次杨教授上课时，学生提出一个问题要求解答，传炳看杨教授有些迟疑，马上说：杨教授累了，休息一会儿，我代为解答。从此杨

自传《绿梳子》手稿

教授对他的态度转变了，共同讨论研究教学提纲，晚上还到我们家串门儿，有时带着他上高中的女儿名叫杨贵珍，想考医学院来同我商量。他的夫人是一个家庭妇女，在他们住宅后院种了一些西红柿，长得又红又大，很惹人喜爱，她的女儿经常送一些到我们家。

传炳除了教课外，还兼任院长的秘书，整天忙碌，很快提升为副教授，在当时是学校最年轻的教授，年仅三十岁。

2012年夏识于河北唐山，九十有三

2019年仲夏修订，年届百岁

《绿梳子》后续

母　亲

金　辉

一

2008年8月8日下午，母亲来电话，讲了好长时间——

母亲说，我真高兴，今天晚上，北京奥运会就要开幕了，想不到我们还能赶上，真是太高兴了。真是没有想到我能够活到现在，没有想到能够亲眼看到北京奥运会的胜利开幕，没有想到现在国家能搞得这么好，老百姓的生活也越来越好。就盼着晚上看电视了，你在北京多好啊，能看到开幕式的焰火吧。北京太美了，越来越漂亮，真是盛世逢盛会啊。你看这次四川大地震，虽然损失那么大，但是，国家救灾的力量也大多了，比当年我们唐山地震好多了，全国人民支援灾区的精神，每天看电视，真的让人感动，我们国家真是有希望啊。

老太太反复说，真是高兴，在我们晚年，还能赶上这样的太平盛世，真是太好了……

听着母亲那边厢幸福的诉说，想到老人漫长的一生，我忽然发现自己作为儿子其实并不了解母亲。

母亲经历的磨难坎坷比我们多得多，母亲付出的和承受的比我们大得多，可我们想东想西，说三道四，从郁闷到愤青，从烦忧到怨妇，不仅身心疲惫，更且伤痕累累。再看母亲，犹如金刚护体，什么东西都没能伤害她，什么境界都不能染污她，越到晚年，心灵越透明，心性越自然，迟暮虚静，耄耋至纯。《黄帝内经》云：恬澹虚无，真气从之，精神内守，病安从来。古来圣贤者如是之也。

《母亲》，这就是一个好题目，关于人性的题目。

“人完全变成人的时刻是最深奥的谜，它直到今天仍难以探究，无法理解。”德国哲学家卡尔 · 雅斯贝尔斯如是说。

之所以成为“无法理解”的“最深奥的谜”，是因为人们不知道人的本质就在人性，而人性之根源则出自母爱。

二

父亲说母亲当年准备报考医学院，可是基础太差了，她没上过高中，念的是助产学校，抗战开始后又是几年的颠沛流离，连初中的课也忘得差不多了。父亲当时还在读大学，给她订了一个辅导计划，说至少需要复习两年。结果母亲复习八个月，就考上了湘雅和中正两所医学院。父亲说母亲既聪明又刻苦，母亲说父亲特别会教会辅导。学校教材和讲课都是英文，老师要求很严，六年读下来，如期毕业的只有三分之一。父亲毕业后就到江西母亲的学校那一带教书，母亲毕业后两人又一起回到父亲的母校唐山交通大学。战乱中学校南迁北徙居无定所，解放后才在唐山安顿下来。这个地方于是成为我的出生地，我的家乡。

年过知命，收到母亲的一封长信：

你们的今天，是妈妈的骄傲。让我内疚的是，妈妈未尽到一点抚育孩子的责任，妈妈对孩子们都欠下一笔今生还不清的债。妈妈也是一个有血有肉的人，内心里很爱家，爱丈夫，爱孩子，这是女人的天性，但那时为了事业，一切全顾不了。记得解放初期，妈在你爸的学校当校医，我热情很高，工作积极，被选为劳动模范，全校的选票都集中到我一人身上，开庆功大会，听到教授们的祝贺，职工们的赞扬，使我感动得热泪盈盈，暗暗下决心，一定努力工作来回报人民。后来我申请调到煤矿医院工作，又被评为省劳动模范。从此，一个又一个光环加在妈妈头上，人大代表，政协委员，中华医学会儿科理事，全国三八红旗手……荣誉越多，压力越大，感到身心都要承受不了。每天除了睡觉几乎全部投入工作，没有星期天和节假日，一年三百六十五天都是工作，很多时候连几个小时的睡眠都保证不了，因为各科室一有急重病人，妈妈都必须到现场和医护人员一起救治。妈妈身体长期透支，患了早期肝硬化，但从没有休过一天病假。每天回到家里都是筋疲力尽，别说照顾孩子，连说句话都觉无力……

母亲1958年任开滦马家沟矿医院院长，两年时间把一个没有科室的截瘫病院，改造升级为科室齐全人才济济的综合医院。母亲1959年和1960年连续被评为全国劳动模范，出席全国群英会。后来我在家里发现了一张周总理署名的国宴请柬：

定于一九五九年十一月五日（星期四）晚五时半在人民大会堂宴会厅举行宴会　　敬请　光临　　　　　周恩来

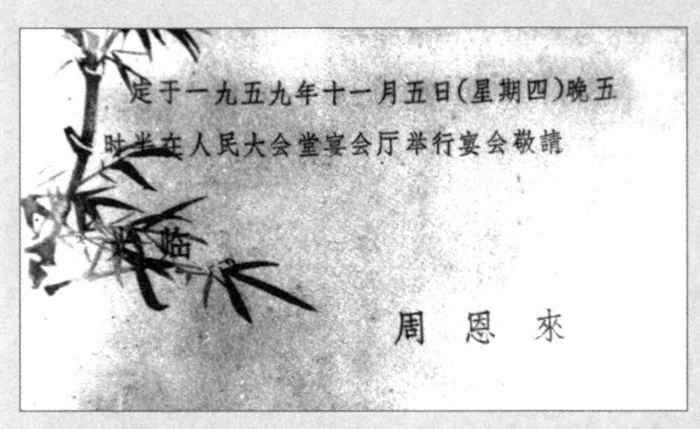
定于一九五九年十一月五日(星期四)晚五时半在人民大会堂宴会厅举行宴会敬請

周恩來

在我的记忆中，母亲中午和晚上很少正点下班，好不容易一起吃顿饭，电话一来母亲马上就往医院赶，半夜也是一样。除了医院有病人，周围社区以及农村，还要经常出诊。母亲骑一辆女式自行车，无论刮风下雨，一二十里土路小道，荒郊野外，黑灯瞎火，总是随叫随走。有一次夜晚骑车摔得很厉害，家人都劝她以后不要晚上出诊，可是一有病人，又什么也不顾了。母亲经常为病人付买药住院的费用，给病人输血也是经常的事，有一次母亲说起，她如果是O型，可能输得就更多了。

那时在医院看到过病人送的一面锦旗，上面写着：医术赛华佗，精神似求恩。报纸上还登过一整版的通讯报道，题目是：《母亲的心》。记得文章的最后说：这是一颗母亲的心，同志的心，金子的心，共产主义的心。

母亲刚退下来那些年，很少去买菜，因为菜场的人都认识她，都是她的病人或病人家属，不论怎么也不收钱，弄得她都不敢去了。母亲退休后，好多医院和诊所都高薪请她，母亲哪儿也不去，就在家里照顾父亲。当然，家也就成为母亲的义务诊所。我每次回家，总要碰到抱着孩子前来看病的人。看了病之后，人家好了也就没有了消息，可母亲还惦记着，还要再去问。有时我们说起如今的医风和医患关系，母亲就像是听外星人讲故事。

1976年唐山大地震时，我当兵在外，家里父亲母亲一共六口人都被埋在了废墟之下。哥哥一个人先爬了出来，拼命扒人，亏得抢救及时，只有二姐窒息身亡。奶奶当时已经八十岁，救出后在废墟上摔成偏瘫。那时到处一片狼藉，缺水少食，没有医疗条件，就把奶奶和伤员一起转往外地，可从那以后再没有了任何消息。父亲和母亲基本没大伤，都被压在废墟下动不了。母亲对父亲说，这么大的灾难，外面伤员一定很多，医院也不知道怎么样了，可我出不去，没法抢救伤员，这可怎么办啊？母亲急得竟然哭起来。

“文化大革命”一开始，母亲就受到冲击，打成走资派和反动技术权威，贴了好多大字报。被抄家之前，母亲感觉不对，将解放前的照片字画什么的都烧了毁了。家里曾有一台英文打字机，小时候还经常玩，母亲说这个不能留，就把拆的零件装在包里，我们到野外转了一大圈，做贼似的，这里扔一件，那里抛一块。被抄家时，我那时真是，既看着那些人不顺眼，又认为那是革命行动，当他们问还有什么东西时，我竟然鬼迷心窍，把母亲藏的最后一本相册拿了出来。父亲家解放前就开照相馆，所以那个时候的照片有很多。结果最后剩的照片都被造反派抄走了，马上就贴出来打着红叉展览。

那时，父亲执教的唐山交大迁到了四川峨眉山，大姐金慧在1964年就“学习邢燕子”自愿下乡了。有一天，母亲把我们几个，哥哥、二姐、妹妹和我，叫到一起，没有告诉奶奶。妈妈说，你们要照顾好奶奶，自己多听话，现在外面乱，不要到处跑。还一再跟哥哥说，照顾好弟弟妹妹，你是哥哥，十六岁该懂事了，家里还有一点钱，要学会省着花钱……哥哥突然问，妈，你是不是要自杀？我们一听，都吓哭了。这一下，妈妈抱着我们哭成一团。最终，妈妈没有忍心抛下这群孩子。后来母亲说起，她已经准备好了大量安眠药，医生要自杀，别人是救不了的。幸亏哥哥那一句话，母亲的心软了，她决定活下去，忍受一切。大会小会批斗批判，检讨交代违心认罪，当然还有劳动改造，扫地、掏厕所、洗衣服、刷药瓶、捡煤核等等。政治运动使一些人的嘴脸都变了，但毕竟还有良善在，人们始终以李院长相称，母亲总是忙不迭求告，千万别再这么喊了，可人们不管那些。

如今，看着高寿的父母，街坊邻居们说：那是人家李院长老两口一辈子积德行善修来的福份。

1976年初全家合影。前排中间的奶奶陈兰青和前排右一的二姐金雪，在当年的唐山大地震中罹难。

三

母亲到六十多岁才正式退休，几十年积劳成疾，高血压、肝硬化、糖尿病什么的，行医一生，一身是病，而父亲从70年代初心梗发病，我当兵离家时，母亲就觉得父亲可能再也见不到我了。照顾父亲和调养身体，就成为母亲退休后的主要事情。母亲医术精湛，却不会做家务活，带孩子和家务全靠奶奶和保姆。退休以后，母亲才开始学着做饭烧菜，再就是研究各种保健和食疗方法。在母亲的料理下，父亲的病情不仅没有恶化，还逐渐缓和起来。

十余年前，朋友吉玲医师研制成功治疗高血压的中成药“松龄血脉康”，听说母亲有高血压，父亲又是冠心病，便一直往家里寄药。母亲服了一阵，感觉确实可以，而且没有副作用，同时对父亲的心脏病效果也不错。后来吉玲公开了药的主要成分，出版了《松针革命》，还开了网站。我从山上采了松针带回家，告诉母亲熬松针水就行。母亲一试，比服药效果并不差。后来，母亲把像中药一样熬松针改成直接放在暖水瓶里泡，不仅方便，而且浓度更高。再后来，母亲又把松针晾干打成粉，既吃松粉，又喝松针水，效果比服药还要好。母亲感觉松针除了治高血压高血脂，对她的心脏早搏、糖尿病和肝硬化的疗效也很好。西医认为多种慢性病都是不可逆的，各种药物只能起到抑制症状的作用，所以必须终生服药。但是松针却能使人体转回到可逆即康复的境界，母亲父亲服松针多年，虽然年事日高，病情却呈现逐步减轻。母亲从年轻时起就有中耳炎，一辈子都没治好，到几年前也不治自愈。松针还对食欲、睡眠、通便、利尿，直到增强体力、抗感冒、减淡全身老年斑、恢复皮肤的弹性和光泽等作用都很明显。大姐患慢性胆囊炎，喝松针水一个月，胆囊炎就基本好了。在母亲眼里，松针简直就成了几乎百病皆治的仙药。每次回家，每次打电话，她总要说起松针，并且一再让我和妻子也一定要坚持。正是在母亲的不断督促之下，我才时常向周围的人介绍推荐，结果使很多人受益，还碰上了几个奇效的病例。有几位尿毒症透析的患者，喝下一杯松针水几个小时后就自主排尿。一位战友的母亲，晚期肝硬化腹水已报病危，最后就是靠喝松针水竟然转危为安，过了好几年还是好好的。

母亲更是到处给人介绍松针。有次我回家带了些松针粉，看母亲给她在南方的老同学寄去一大包。我挺不高兴，回来写了一封信，说我上山采松针要花不少时间，只是希望给爸爸妈妈治病。母亲回信说和那位阿姨有特殊的感情，抗战时逃难到重庆，举目无亲，衣食无着，在嘉陵江边，遇见了这位同学的妈妈。母亲说，“是她收留了我，于是我和她的女儿一起在重庆挂牌做助产士，才维持了生活，同学的妈妈对我有救命之恩，终身难忘。如今，这位老同学的老伴儿突然去世，她悲痛欲绝，身体又不好，我给她寄松针，她回电话说，等晾干了磨成粉就服，但南方很潮湿，真难弄干，这样我就给她寄去一包。”母亲还特别解释说，这是她第一次给人寄松粉，以后不会寄了。看了信我倒觉得自己实在差劲，都这么大了还是不能理解母亲的心。

四

从人性的角度，母亲这一生就是人性的奇迹，在现代中国社会中，经历了那么多的凄风苦雨，居然几乎感觉不到任何心理阴影。

母亲的一生，正值中国社会生态荒漠化最严重的时期。战乱、动荡、政权更迭、经济起伏等还在其次，最致命的是文化剿灭和精神强制的折腾浩劫，最终使道德人性成为极震区。同胞的人性表现，从冷漠和压抑，到扭曲和异化，再到沉沦和堕落，乃至兽性和魔性，我们已经见得太多太多。残酷斗争打碎魔鬼瓶子，释放出了暴力和仇恨，经济大潮淹没良知堤坝，泛滥起了利益和欲望，在毒化日甚的精神废墟上，我们不知道还能不能找到回家的路，更不知道可曾还存有重建人性心灵家园的一片净土。

医乃仁术，医者仁心。当年母亲选择学医，看来不仅是一种幸运，应该说更是一种宿命。她的善良本性，她的大爱之心，她的慈悲情怀，她的敬业精神，与医生角色的契合几乎是天衣无缝。医学生涯不仅使她的这些人性品质得以淋漓尽致地呈现，同时也使之得到了最安全的呵护。如果换了任何一种职业，在那些极端的社会环境中，我都不知道母亲是否能够承受精神的扭曲与人格的分裂。

医生职业的庇护优势，给了她一片无限奉献爱心的自足天地。工作中她确实是听党的话，全心全意为人民服务，积极响应党和政府的号召，但又没有沾染上任何那个年代的极“左”之气。尽管也当了好多年的领导，却没有一点官气，更不懂勾心斗角等等的权术计谋。她精通业务，钻研技术，却又没有那种书呆子气。而父亲则明显一介书生，即使两耳不闻窗外事，也仍然免不了政治风暴的反复洗劫蹂躏。我的叔叔1957年被打成右派，到动乱中含冤自杀，父亲因此一直大受株连，并殃及我们。我入伍时费尽周折，政审表上赫然写着：“体检合格，政审不合格，经与接兵部队协商，同意带走。”接兵的王立新科长只看见市武装部终于盖了章，拿过表拉上我就奔部队。到了那儿一看才发现麻烦大了，又从部队折回，经唐山军分区韩敏政委修改后亲自签名盖章，我才没有被退回原籍。直到十一届三中全会以后，地富反坏右不再是政治的杀手锏，我才开始摆脱那种二等公民的阴影。至于父母那代人的精神烙印，说刻骨铭心决不只是形容词。

话说十几年前，父亲忽然收到一封台湾来信。写信者是母亲当年的同学，同时也是父亲的学生。四五十年音信皆无天各一方，天晓得她是怎么把信寄到了家里。这位年纪与母亲相仿的台湾老太太，在信中对我父亲说了一句话：我爱你爱了五十年！老爸年轻时极帅，从一张仅存的一寸照片上，还能感到英气夺人，母亲说在学校大家都称他金皇帝。这半个世纪之后来自海峡对岸的深情表白，实在令人动容。母亲和我们都说，快给人家回封信吧，如果身体还行，邀请她来大陆一趟多好。可是父亲正色道：不能回信，万一是美蒋特务怎么办？一众愕然。我说，我亲爱的老爸呀，就算是特务，谁还会来发展您老人家这七老八十的老特务啊。这是20世纪90年代发生在家里的真实一幕。然而笑过之后便是欲哭无泪，恐怖政治的摧残之彻骨，使人不寒而栗。炼狱中的精神苦刑和灵魂煎熬，非亲历者万难体味。

从动乱初期靠边站以后，母亲避政治而远之，当然亦知道那意味着什么。1975年底，我在《解放军报》上发表了一篇文艺短论《“剜烂苹果”及其他》，对盛行的极“左”文艺政策颇有微词；虽然当时“反击右倾翻案风”已经拉开了架势，但我还是能为在军报上首次登稿而高兴。可寄到家里母亲一看，就开始为我提心吊胆，直到“四人帮”

倒台她才松了一口气。母亲的预感当然很准，文章发表后，时任总政治部主任张春桥办公室责令“追查作者的背景”，可我只是外地基层的一个小兵，实在没有任何背景，这才不了了之。

五

母亲一生与人为善，淡泊平静，无欲无争，乐观知足。退休后的工资，加上政府特殊津贴和全国劳动模范补贴，到现下每个月才一千元出头，这次四川汶川大地震，她已经捐了几次，后来还要再捐两千元。无论对谁，她都觉得是欠了情，也不能欠谁的一点儿。母亲对一切永远怀着感恩之心，总是记着和念叨别人的好。母亲从来不怀疑人，不是不怀疑，而是根本就不会怀疑，我甚至怀疑在她的精神基因图谱中就不存在怀疑的编码。她看什么都往好里想，在她眼里，所有的人都是善良的。菩萨看众生都是菩萨，此之谓也。

任劳任怨一般都是连着说，但实际上，任劳也许不难，任劳又能任怨，那才相当之不易。母亲干工作任劳任怨，做家务也任劳任怨，年轻时中年时任劳任怨，到了晚年高龄，还是任劳任怨。近年父亲已经基本卧床，离不开母亲照顾。每次回家，看行动逐渐迟缓的母亲，给父亲端水喂饭，擦脸洗脚，老伴老伴，挽手为伴走过六十多年，年龄相加超过一百八十岁的两位老人，相依为命，相濡以沫，每一组慢镜头都使人心生感动。可毕竟，母亲也是鲐背之龄，家里的事还要这么忙里忙外，让做儿女的心里实在不好受。母亲说，我这一辈子，对不起你奶奶，也对不起你们几个孩子，唯一对得起的，就是你爸。

那年，几件事情的接连刺激，父亲突然精神失控，连续几天几夜不能睡觉，不停地说啊说，翻来覆去地讲那些陈年旧事，再加上神啊鬼啊什么的，嗓子都哑了还是说个不停。母亲被闹得熬不住也绝望了，心想八十多岁的老头子、心梗三十年的老病号，折腾得这么凶，这回肯定是过不去了。我接到电话赶回家，一看是精神迷乱，需调心治神，待移境定界。看清楚了，我就慢慢地跟父亲谈，先稳住心，使之松弛，抓住缝隙顺着他讲的话头把他的神往回带，从恍惚错乱状态一点一点地引之回神、静心和清定，逐步地复归正常境界。然后，再讲些心理和精神境界的关系和道理，使他对幻念与现实的意识的分别越来越清楚，越来越稳定，老父亲终于过了那一关。

父亲是长期用脑过度，五十多岁病休在家后，便潜心于数学王国，一天到晚都在思考和计算，没时没晌没周末，唯一的爱好就是看球赛。每到实况转播，母亲都要准备好速效救心丸，父亲盯着屏幕，母亲则盯着老头子怕他太激动。数学研究是高强度的思维活动，攻克世界数学难题更是熬神耗心力。父亲沉浸其中自得其乐，从等幂和问题到自然数幻方，后来又搞起了素数幻方。那年听说北京一大学研发出八位数素数表，就让我去淘换，可那是人家课题组利用多台大型计算机攻关多年的科研成果，花多少钱也不肯提供。直到听说家父就靠袖珍计算器一个人搞出了百万以内的素数表，他们又惊讶又感动，破例给拷贝了七位数素数表。我把打印好的几千页素数表背回家，父亲高兴极了；母亲则说，有了这个你爸更不会休息了。父亲的记忆力极好，为了能及时阅读国外文献资料，快七十岁又开始自学德语、法语和日语，从背单词到直接读外文专业论文，两年时间搞定三门外语。哥哥说，父亲虽然八十多岁时经过两场大病，但在九十岁的时候，还能和他一起讨论周易和数理模型，老爸经常会给他意想不到的启发。

我看父亲常年钻研数学难题用脑强度太大，又缺乏精神调节放松，这样即使年轻人也吃不消，就把心经打印几份，让他每天念诵几遍般若波罗蜜多心经。年纪大了，安心为上。

六

那天，看父亲终于乱而复治，全家安然。母亲把我叫到一边，很认真地问：是不是真的有鬼神？人死了以后会怎么样？走到人生边上的娘亲给我出了一道考题。这些东西可是难说清楚，连圣人都不语鬼神；可是常言道生死事大，大事因缘不能不参究一二。

我对母亲说，所有的鬼神故事都是人说出来的，所以鬼神首先是人们的一个说法。记着这一点非常重要：关于鬼神的全部传说，没有任何一句话和一件事是鬼或者神亲自告诉我们的。我们可以从梦说起，在梦里我们感觉发生的事情都是真的，只有醒了以后才知道那原来是假的。要知道鬼神是真是假，就应该先明白我是梦是醒。如果知道我自己现在就是醒着的，那你就不应该把那些关于鬼神的说法和念头当真。因为鬼神大致属于与梦类似的精神现象，和平常的现实存在不在同一境界。从来没有人在光天化日之下见过鬼，也没有过几个人同时见鬼的，所以说鬼这个东西实在是不可着相当真的鬼名堂。

人在做梦的时候不能控制自己，而在大病和气神都很弱的时候，也容易那样恍恍惚惚。这个时候，就像梦似的，一个念头冒出来就跟着它走了，可是我们自己同时还是醒着的，这样两个境界混在一起，真真假假，虚虚实实，人就感觉无所适从，找不着北了，这样就导致了精神的迷失和境界的错乱。您看我爸这次闹病的时候就是这样，来一个念头他就以为是真的，就觉得不得了了；可我们在旁边看得很清楚，知道那些就是脑子里的胡思乱想，都是自己精神境界错乱给搅的。这叫当局者迷，旁观者清。《黄帝内经》讲：心主神明。这话包含着心主脑的意思。人的精神世界奥妙非凡，一般即使脑子的思维念头乱了，其实我的心还没事。所以，这个时候只要能想办法让他自己心里明白，恢复到平常的自主意识，知道脑子里的意识念头跟外界存在不是一回事，这两个境界一分开，很快就能明白过来，自然也就没事了。现在对精神病患者都靠大剂量药物麻痹抑制神经，虽然也能暂时控制缓和某些病症表现，但是对人的大脑和整个神经系统也会造成损害。因为人们还不知道真正的病因，也没搞清楚人的精神世界层级体系，更不明白人的性—心—神—境之完整系统，所以只能采取强行介入控制的没有办法的办法。

简单地说吧，在平常的人，我们只要自己心里平静，什么也不用管它，你就基本没什么事。俗话说得好，不做亏心事，不怕鬼敲门。怕是什么？是心中有鬼。鬼是什么？所谓鬼和神，还有天堂和地狱，都存在于人的心里，是人们心里的东西。所以有一句话叫作：魔自心起，亦自心灭。也就是，坦然无愧，自然无鬼。我又对母亲说，所谓鬼神，其实主要是人脑子里的一个相，就是一种想法和一个念头，所以心里平静和干净最重要。您一辈子治病救人，好善乐施，踏踏实实，干干净净，根本就没有鬼的藏身之地。说句玩笑话，就算碰上所谓的鬼，也会是像《聊斋》里描写的那样既善良又漂亮的鬼，请放心，决不会害人的。所以说，善良的鬼比人还好，邪恶的人比鬼还坏，我们看多了形形色色的人，还用担心七七八八的鬼么？就像心经说的：心无挂碍，无有恐怖，远离颠倒梦想。什么东西只要把它想通想透，自然就明明白白，所有那些神神鬼鬼的马上踪影全无。您一定记着，不论什么时候我自己都心定气闲心安理得，不管什么念头就让它们随便去来。从道理上讲就是：心不着相，诸相非相；心不应境，诸境自灭。

再看生死，道理亦然。常言说人生如梦，不仅是人的一辈子像一场梦那么快，还因为我们身在梦中就不会知道这是梦，唯有到醒了之后才好明白。天下没有不散的筵席，生老病死在所难免。说去说来，是梦是醒，都在于心，皆为我心之知。人为形与神之组合，形有生死，神有聚散。人之生命，不离形神之体用。形之生死，以神证之；神之聚散，以形判之。所证所判，皆系于知。故有知则有生死，无知则无生死。生死死生，皆为知之所执、所执之知。知之明迷，界定生死：知生知死，不在生死；执生执死，即落生死。故非知便非生死，明知便明生死。老子讲：知不知，上；不知知，病。人只见形之生死，而难知神之聚散，亦不明心之迷悟，故既困于生又畏于死。生死落相，乃人见之相，是心之幻相。金刚经说，凡诸有相，皆为虚妄。有相无相，见于一知；有知无知，本于一性。生生永恒，命命相继；后天命运，顺其自然。

七

几十年行色匆匆，一晃我也成了退休金领取者。可在母亲眼里，我永远没有长大，总是问这问那，嘱咐来嘱咐去，总有千般挂念万般不放心。人哪，总要等到自己的孩子也慢慢大了，才会知道父母之恩，才能体会母亲的心。寸草心难报三春晖啊。

母亲出身书香门第，外祖父乃一方名流，精于诗文书道。一位阿姨是母亲少年时代的朋友，曾写过一篇文字，回忆当年外祖父的大书房，古书满壁，典雅绕梁，经常是各路“神仙”作画题词吟诵品茗不亦乐乎。她们小时候常在里面读经习帖背诗斗联。母亲从医后，完全钻到专业技术里边去了，再加上解放后的政治环境，根本不敢再沾那些所谓的封资修。被抄家前家里有好几个大书柜，满是父亲母亲的中外文专业书籍，我找过多少次也没能翻出一本小说诗歌。我的记忆中只有一次，那是1968年冬天，哥哥金雨下乡之后，接着二姐金雪也要插队去了。走的前一天晚上，母亲在火炉旁，给我们边背边讲长恨歌，上穷碧落下黄泉，可怜天下父母心，百行长诗一气呵成，听得我目瞪口呆。母亲说，这还是小时候背的呢，几十年不念了。

我常想，母亲如果有些琴棋书画的兴趣，晚年生活也许能更丰富一些。因为母亲实在没有什么爱好，既不打牌，也不串门儿。做家务和看病之余，看看报纸电视，更多的是一个人静静地看书。我看到的是，心如止水，性海无波。那年，我寄回家一本养生的书，母亲打电话说，这书写得很好，一拿起来就看到半夜，讲的很有道理。母亲说，以前对中医了解少，过去一直不明白经络，这回确实应该好好学一下。你爸的玫瑰糠疹，闹了半年多，用什么药都没有效果，结果靠敲打经络，调肺经，很快好多了。中医真好，真了不起，要是没有这些中医的养生保健方法，我和你爸不可能活到现在。见效后，母亲学得和做得更起劲了，时不时还让我推荐好书。——您老说话就九十岁了，真是活到老，学到老啊。

母亲的晚年并不寂寞，既平和又充实，既丰富又单纯，心态澹然，心神和然，心地纯然，心性自然。虽然母亲没有直接继承翰墨书道的家传，在在处处却无不体现着和润透了中国文化之真谛——

道曰：上善若水。

子曰：仁者爱人。

为医一生的母亲，以数十年如一日的不言之教，使未曾学医的我渐递领悟中华医道之内涵。

那是从我的人之初便开始的人性发蒙，也是我至今还在修持之中的毕生功课：

何者为医，何者为德；

何为大医，何为大德；

如何医人医己，如何立言立德；

何以医心医世，何以明道厚德。

母亲，是我一生读不完的大书。

母亲，是大爱真心的永恒标高。

母亲，是我亲师一体的人性导师。

母亲生于1920年，生日是农历八月十五。中秋是最美好的节日，那是辛劳一年收获的宁静、祥和、欣慰、怡然。

每年中秋节，全家团圆，都为母亲做寿。

古贤有道——仁者寿。

母亲大人，请受孩儿一拜！

2008年中冬识于北京

（本文原刊《北京文学》2010年第二期，为第五届老舍散文奖入围作品）

抱瓮叟书：医者仁，仁者寿

妈妈的行医岁月

金　雨

妈妈的回忆录《绿梳子·我的青少年时代》问世后，人们纷纷索求传阅，我们和妈妈很是欣慰和感激。时有人询问：还有下文吗？我觉得从1948年参加工作到1982年退休为止，是妈妈一生中的精彩。恰恰妈妈的回忆录在此之前就停笔了。当我们把意见告诉妈妈时，妈妈一笑说，我只是一个医生，做了一些应该做的事，没什么可说的。我也知道，妈妈尤其不愿再想“文化大革命”那些事。所以我想补充一点妈妈的故事。

妈妈1947年从中正医学院毕业随爸爸到唐山交大后，学校又经历了一次迁徙，直到唐山解放后才安定下来，妈妈也成为交大医务室的医生。从小到大受尽磨难的妈妈，特别感受到幸福的甜蜜滋味，下决

在唐山交大当校医，1950年被选为工作模范，
登上主席台

心一定努力工作，回报社会和人民。在校医务室几年的工作中，由于勤奋敬业，成绩出色，妈妈先后被评为校级和唐山市劳动模范。

1951年初，妈妈调入开滦矿务局总管理处医院。那是在一次出席唐山市劳模会议上，开滦矿务局领导看到妈妈很优秀，就与学校方面联系，经考试合格，调入开滦总院。

接着妈妈又调到开滦林西矿医院的老六号病房任医生，这个病房是内科儿科合一，有一百多张病床，只有三名医生轮值24小时，三天值一次夜班。下夜班后，上午查房，处理、抢救病员，下午在没有抢救急诊的情况下才能休息，转天依旧是白日班。据妈妈讲，很少能有休息的时候，病号经常超员，打地铺，就是走廊都住满了，根本没有自己的时间，总连轴转，几天不能回家是常有的事儿。那时我还小，只在朦胧记忆中，觉得很少见到妈妈。有时几天甚至一个星期也难得看到妈妈，完全是由保姆带大的感觉。

1958年，我们全家由开滦林西矿搬到马家沟矿。矿领导很关心，特地安排我家住进洋房子六号。这是西式建筑，很宽大，室内很冷，没有暖气，据说是过去英国人留下的。

几天后，家里总算安顿好了。爸爸对我说，到妈妈医院去看看。一路上，看得出，尽管穿过一片柏树林，也没挡住爸爸的喜悦神色。不远，几分钟就到了。

等进了医院，爸爸的神色就变了，很是凝重，不再说话。这是一座“口”字形内环式走廊建筑，边长约为30米，围绕一周的是房间。后来听爸爸讲，这是典型欧式休闲馆所，后被利用成为截瘫患者疗养所。本来，妈妈这次工作调动是有开滦总院和马矿医院这两个选择的。爸爸显然不满意妈妈放着总院那样的正规单位不去，而来到这个只有诊所级别的医院。

晚上，等妈妈回家后，爸爸很严肃地对妈妈说：“这是医院吗？分明就是疗养所，几个截瘫病人，三五个工作人员，连街市上的小诊所都不如啊。你是四七年大学毕业，工作到今天，在林西矿医院已经是有作为的医生了，为什么不到开滦总院呢？那里条件好，基础不错，为国家、为社会的贡献，肯定比在这里大的多呀。现在大家都在努力，琢磨怎样才能为人民做出大的成绩，你却倒退着走，到这山沟里做贡献来啦。”

妈妈觉得很委屈地说：“你看，这里的矿领导非要我在这里，希望能建个像样的医院，这也是几千名职工的希望呀。”

当天晚上来了三位客人，两男一女，妈妈连声说“领导来了，欢迎，欢迎啊”。招呼来客坐下，马上介绍给爸爸，指着一位个子不高，有些圆脸形，两眼炯炯有神，总在放着光的感觉，这位是张世光矿长。妈妈又指那位阿姨介绍：她是张矿长夫人，医院办公室的王兰贵主任。一副漂亮女人模样，透着一股军人精干气质。随后妈妈介绍另外一位叔叔：这是医院的张增美书记。

一阵寒暄过后，张世光对爸爸说：金教授委屈了，交大和林西矿条件都比咱马家沟好，的确我们感到挺对不住长慧院长的，请理解我们。目前咱们矿是这样，1956年复矿到现在已基本完成，3000名职工和家属已陆续到位，开始出煤了。当下急待解决的是医疗问题，疗养院不适合作为医院使用，更不符合矿山要求，所以特地请长慧院长来建院，主要解决有了伤工、急诊病号，别再往总院送的问题，以前经常发生病号在中途死亡的事，血的教训，让人心疼呀。

一番话，开诚布公，敞开肺腑，爸爸连连点头。的确，当时疗养院没有救护车，更无专业设备急救，只有矿用车运送。从马家沟到总院，开车须一小时，那时路面情况很糟糕，坎坷颠簸，造成病情加重，死亡率是很高的。

张矿长接着说：本来这次长慧院长来马家沟，只是看一看，还没有来得及到总院去，就被我拦下了，命令兰贵无论如何给我拖住长慧院长，住在招待所，同吃同住，在手续办下之前，如果人走了，我就休了她。

王阿姨点头称是，老张过去在部队是首长，说一不二，是命令，现在还是首长，我还得服从命令。在座的人都会心地笑了。

张世光又说：兰贵在部队是正连职，这次就做医院办公室主任，张书记本来是侪城特委书记，按级别应当任命为副矿职，考虑组建医院是重中之重，所以就降格使用，到医院任书记。有这两位给长慧院长保驾护航，我就放心了。

张增美说：是，有矿党委支持，保证完成建院任务。张矿长，李院长家已经搬来了，那咱们就开始筹备吧。

张矿长说：我看行，明天主管刘副矿长，财务、基建和你们三人就在医院开个现场会定下来。就这么办！再有，谢谢金教授支持呀。

爸爸被这样的领导班子感动了好多日子，感叹说：有这样的领导集体，有什么事办不成啊！

在建院的1958年初，由别的医院分配来了一批毕业两三年的年轻医生，妈妈考虑到医院尚在建设中，这些医生临床经验还须提高，就让他们到别的院校深造学习，等到医院建成时回来，马上就可开展临床工作。这些人日后都成为了各科主任。

妈妈最劳累的也就是创业的这一年。在进修人员未回来的阶段，由妈妈带领着几名医护人员展开医疗工作。由于门诊、病房还没有建成，临建木板房的条件太差，为了尽量减少送往总院病员，改善医疗环境，被逼的想出了建立家庭病房的办法，结果很受职工、家属欢迎。当时建立家庭病房，马家沟矿医院是首创，很快在整个开滦矿区医院推广开来。

医院建成后，学习的人员都已陆续回来，并很快组建各科室，进入了工作状态。自此也进入了捷报频传时期：

外科：第一台抢救伤工的手术成功，从此开创多年抢救重大伤工无死亡的成绩。内科：第一例抢救心肺衰竭成功，人工肾的研制成功

全家福（1958年）

（即透析技术），在当时唐山市是首例。儿科：第一批病人是10余名患流感（瘟症）小儿，处于危险状态，经二周全力抢救，全部康复出院。还有妇产科、放射科、检验科、药剂科等，1958年到1959年的两年中，由一座疗养院改建成具有基本功能的医院，辐射到矿各单位的保健医，矿内外的保健站及家庭病房，满足了数千名职工和近万名家属医疗需要。

至此，医院书记张增美、院长李长慧和办公室主任王兰贵的班子，和全院医护人员一起，完成了矿党委下达的“两年内自己医院解决伤工、重症病人，不再送总医院”的任务。

1959年11月，妈妈被开滦党委推荐为全国群英会代表。

后来据妈妈说，当听见要去北京开会，高兴得一夜无眠。在北京人民大会堂开会期间，受到党和国家领导人的接见。直到现在说起时，妈妈还是那样的欣慰，荣誉感、成就感和幸福感交织在一起的感觉。尽管“文化大革命”时被抄家批斗游街，那枚全国群英会纪念章始终珍藏着。

那些年，妈妈多次荣获局、市、省级学毛著积极分子、学雷锋标兵、先进医务工作者、全国三八红旗手称号。这些耀眼光环，是用血汗和牺牲身体健康换来的。

每次井下出现伤工时，矿长张世光就像命令士兵一样，叫妈妈带着外、内科医生直接到井下一线去接伤工，边运送边抢救，一直护送到医院。然后就是几天几夜不休息的抢救。那时采煤条件很差，经常出伤工，妈妈一个月在家没几天。每次抢救各科危重病员时，妈妈一定到场参与。只有脱离了危险期，才能回家睡上一觉。

爸爸对此很有意见：去一线作战，非要将军亲临现场吗？是你在医院做准备重要，还是让将军耽误在战壕里划算呢？后来，这位耿直的教授直接找到张矿长，坦率说出了自己的意见，矿长很痛快地接受意见，并设立了井下保健站。不仅非常有利抢救伤工，而且大大方便了作业工人小伤病的治疗，很受欢迎。日后，各煤矿都设立了井下保健站。

爸爸又提意见说：你作为抓全面工作的院长，大小事都要管，抢救伤工、危重病员也管，能管得过来吗？毕竟一个人能力是有限的，事必躬亲的结果必然是顾此失彼。妈妈听从了爸爸意见，这才有了行政查房，最后形成周三、周六会诊制，极大调动了各科积极性。比如，外科做手术，须有内科医生在场。同样，内科重症抢救，外科派医生辅助。有了院长协调，各科互动，马矿医院形成生机勃勃态势，至1965年跻身于市级医院，即相当于后来的二甲医院。

那段时间妈妈的身体很差，首先是因为太累。多少年来一直没得到充分休息，用妈妈自己的话说，若能睡上三天三夜该多好啊。1982年妈妈退下来的半年里，除了整夜睡眠外，上、下午还要补睡两小时。

再有就是妈妈的自损性医疗作风。妈妈一个月总有几次输血给患者，多少年来一直是这样。而抢救危重病员时，经常口对口地做人工呼吸。拯救了他人，损害了自己身体健康，妈妈患上肠系膜结核，肝炎转硬化，慢性支气管炎症。妈妈是洁癖的人，平心而论，若不是如此自损性医疗行为，绝对不会患上如此多的传染病。即便开始发现患病，积极治疗，肯定也不会留下病根。

妈妈每月工资150元，是高级知识分子待遇，在矿上比矿长的工资都高，可是每月经常只拿回几十元。因看到有些患者家境困难，交不起医疗费，妈妈就替他们补交上。为此，奶奶经常生气，家里五个孩子吃饭、上学，你自己工作累，需要补营养，你给了别人，家里怎么办？妈妈的善举，已成为人们多年来的美谈。

1966年之前是妈妈事业的黄金时期，那是妈妈用牺牲自我的代价换来的。用妈妈自己常说的一句话：我履行了一名医生的职责。

后来，几乎一夜间，妈妈和所有领导干部、地富反坏右分子一样，被列入挨批斗对象，家属也未能幸免，大字报、开会批斗、戴高帽游街、抄家等等都经历了，最后到洗衣房劳动，冬天去锅炉房外面捡煤焦。

一些挨斗的领导干部每当遇到妈妈时，紧紧握住手说：坚持呀，李院长，总会过去的。

一些职工碰到妈妈时，塞给两块烤白薯，或送个煮玉米，啥也不说转身就走。

还有的人则是夜访，安慰几句就走。甚至把东西放在门口，敲几下门，等我出去时，早已不见踪影。

更有锅炉房的师傅对妈妈很照顾，总是提前把焦炭捡出来，叫妈妈到里面暖和，让妈妈感觉到了雪中送炭的温暖。

尽管在这样的处境中，每当有危重病人，只要来人叫时，妈妈无论在家或在洗衣房工作、锅炉房捡煤渣，总会如既往一样，马上就投入抢救。每次抢救结束时，还是像过去一样轻声交待几句后，悄然离开病房回去劳动改造。此时，人们总是不约而同地默默注视消失在门口外的妈妈。一次我很不解地问：别管了行不行？妈妈回答：我被罢免了院长职务，但没免去做医生的权力。即便被免去做医生资格，能解除他人一点儿痛苦、困难，也是应该的。

这就是一名医生的思想境界。

运动挨整虽给妈妈精神上造成很大创伤，但经过几年的“休养”，病情竟然缓解，身体也得到恢复。凡事祸福相依，失之与得，自在其中。

1970年上级宣布妈妈“解放”，安排做门诊医生。在那久违的诊疗桌前，妈妈特别兴奋，终于又可以正常做一名医生了。想到自己已是五十岁的人了，时光弥足珍贵，妈妈暗下决心，一定把损失的时间补回来。

1972年矿党委宣布恢复妈妈的院长职务，负责部分技术工作，担任副职。这段时间，妈妈实际上只是做一名普通医生工作。妈妈很知足，经常说，能够做一名医生就够了，而且应该做好，这是本分。

1976年唐山大地震给医院造成巨大破坏，妈妈和全院人员一起恢复建设。后来妈妈说：又搞了一次创业。

1982年，妈妈退休。

医院老同事的信

亲爱的老院长：

我们与您虽然住的距离不远，数不清是几年没见到您了。我们想念您。但见面又很难，这是彼此年岁大了造成的。

这几天我们陆陆续续地收到了您年过九旬的老人历尽千辛万苦，流出多少汗水，谱写的您老人家青少年时代的回忆录。我们看到您戴着庄重的听诊器的照片，倍感亲切。我们永远怀念您，和您一起在工作岗位时，您对我们的关切和爱戴。在您无微不至的关怀下，我们逐渐成熟起来，担起工作岗位的担子，努力工作，刻苦钻研，为人民群众服务。我们经常谈起老院长的工作作风，是我们一生标准的学习榜样，总学也学不完的。

今后我们把这本回忆录读完之后，精心地把它保存在干干净净漂漂亮亮的书架中，随时随地都能看到您可亲的面容，这面容是多么的

开滦马家沟矿医院同事合影（1965年）

慈祥啊！我们的心中会得到多么甜蜜的安慰啊！

亲爱的老院长！我们一生能遇到您这样一位慈母般的领导，真是我们一生中的幸福！

亲爱的老院长，我们就说到这里吧！说得太多了，我们怕您累。写的虽然不好，但这些话是能表达我们内心对您的眷恋。

祝您

继续健康长寿！青春永驻！

弟子：张大琴、马玉敏、李伯文

陈淑华、李宝华、张丽娟

齐桂华、刘翠芝、冯法宽　敬上

2012年11月16日

李院长的故事

全翠兰（中学教师）

在我居住的小区里住着一位德高望众的老人，人们都亲切地称她李院长。她是个医生，做了几十年的院长，虽然已是九十多岁的老人，但她在人们的心中永远是那匆匆穿梭在病人中的好大夫、好医生。我总把“救死扶伤，人道主义”和李院长联系在一起。

我女儿是1976年唐山地震前出生的。产前多次检查，被大夫告知是臀位，顺产有困难，当时剖宫产手术还不太普遍，医院还与市总院进行了会诊，决定剖宫产手术。手术中发生意外，孩子娩出时间延长而发生窒息，大脑缺氧抽搐。李院长听到消息后从二楼会议室跑到手术室和医务人员一起抢救，终于在次日凌晨孩子病情有了转机。后来听说李院长守候孩子一夜，并根据她多年经验在抢救中采用冬眠方法保护孩子大脑。当年五十多岁的她为一个孩子的生命和今后的健康彻夜辛劳，才使我获得了一个聪明可爱的女儿。

我当时是一个二十七岁的青年教师，从未见过李院长，李院长大概连我这个产妇的名字都未来得及知道。出院后我内心十分感激，也不知怎样表达，就给孩子取名湘慧，心想孩子长大也像李院长那样，做一个有爱心的人。孩子懂事后每每路过医院，我都把门前大字“救死扶伤实行革命人道主义”的含义告诉她，把李奶奶抢救她的故事说给她听。

拜读李院长回忆录感动不已，使我彻夜未眠。我为李院长坎坷幼年而悲切，为李院长刻苦坚韧的求学精神所激励，更为李院长与金教授旷世爱情所感动。盼望着李院长回忆录下集也能写出，让老人家的永恒大爱、高尚医德发扬光大，一代一代传下去。

2013年4月15日

这才是历史

李秋生（北京高校教师）

近年来很少有一本书能让我在不到一天的时间内读完。从晚上十点到次日凌晨两点，再从早上八点半到十二点多，我读完了金辉先生的母亲，九十八岁的李长慧医生的自传《绿梳子 · 我的青少年时代》。

和金辉先生认识是在2005年，当时为央视拍十集纪录片《唐山孤儿》，他是总撰稿，我是总导演。一次闲谈中，得知他是最早调查、论证、揭示20世纪60年代初共和国那场悲剧的人，令我肃然起敬。以后读了他的几本书，愈发感受了他宽阔的视野和深厚的学识。再一看他的履历，挖过煤，当过兵，学历不高……那些学问从哪来的？读完了他母亲的自传，我找到了答案：不是遗传，是影响。

《绿梳子》讲述了李长慧医生的青少年时代。她出生在湖北荆州一个大户人家，其父李宝常为前清秀才，曾赴日留学。他是著名的书法家，连年轻时的张大千都曾因仰慕其名，登门拜访。但李长慧为小妾所生，遭正房大妈歧视，自幼饱尝人世艰辛。于是她独自离家赴武汉，并且曾在未上小学的情况下考上了女子初中。抗战爆发后又辗转重庆、贵州，在没有读高中的情况下，仅凭八个月的复习考取了中正医学院。毕业后她随丈夫回到唐山，一直当医生，并将一个简陋的煤矿康复医院改建成了现代化医院……

本人学的文学，做的影视，但最喜欢的是历史，平日阅读也是以历史书为主。本书所涉历史大概从20世纪20年代到40年代。这段历史我从蒋廷黻的《中国近代史》《剑桥中国史》等书里读过，但是这些"大历史"似乎是在飞机上俯瞰地面，我不能从中知悉那个年代到底是什么样子，那个时代的人是怎样生活的。而读完《绿梳子》后我知道了那个时代的很多细节：

一介书生李宝常可以为沙市这样一个城市设计出艺术感极强的中山公园；

一个小女子能独自跑到武汉去报考中学，表明自由自主自立的思想在当时已深入人心；

教会学校为中国走向文明进步做出了巨大贡献，不只有辅仁、协和，还有李长慧就读过的武昌同仁高级助产职业学校；

中国的现代化进程因日军入侵而中断，书中描写的荆州、沙市、武昌、重庆等地的生活场景告诉我们，这些大小城市已经呈现了明显的现代生活气息；

重庆大轰炸对普通市民的伤害超过了史书的记载，人们纷纷搬到山上，或长时间在防空洞里躲避；

那时候青年人的爱情是那样炽烈，小别几天，李长慧的恋人金传炳竟然在十二天里寄出了十二封挂号信；

印象很深的还有两个没有名字的人。一是她初到汉口时遇见的房东，对一个陌生女孩那么热情，体贴；二是初到重庆，正逢空袭，那位给了她20块钱的老太太……从中看到了离乱年代的人情之美，那是阴霾中的一缕温暖的阳光。

……

什么是历史？我的直感是这才是历史，至少它是对历史书的感性解读，这还不包括那些不在少数的瞎编的历史书。与我们经常看到的那种作家文笔相比，《绿梳子》太亲切真实了，这些真实的文字使我觉得是最可信的。

尽管这本书是作者一笔一画写出来的，但总的来说属于口述史学的范畴。我如此看中它，并不是因为作者是一位不凡的女性，有着传奇的经历，后来又成为一位为无数人救死扶伤的知名医生。我想说的是，每个人的历史都是一部现代史，当这样的回忆录达到一定的数量后，历史才会以真实生动的面貌呈现在我们面前。每个家庭都有前辈，这些前辈的回忆都有可能包含重要的历史信息。

1967年，美国成立了全国性的口述历史机构——口述历史协会（OHA），此后世界众多国家纷纷效法。到目前为止还没有看到这类口述历史的真正价值，但再过若干年，它的价值就会凸显出来，有些甚至比有的历史史料还重要。

李长慧医生有幸活到了九十八岁，为我们讲述了久远的故事。对历史来说，这是幸运，也是偶然。多数人都没有留下该留下的东西。比如“文化大革命”，真正了解的人至少已经六十多岁了，有人写了些东西，但远远不够。那是民族的灾难，应该也是人类历史的灾难，但真实的历史大概不完全是有的历史书上写的那样，也不是一些思想极端者写的那样。它需要许许多多的人去写出自己的所见所闻，所思所想——这样我们才能告诉我们的子孙：个人崇拜会导致什么，没有民主和法制意味着什么……

口述史学的要义不在形式，而在立场，它的立场不是历史的或政治的，而是个人的。

再次致敬李长慧医生，您使我们看到了和历史书有所不同的历史，也希望您能够再继续写，写您的医者仁心，您的劫后余生……

2017年10月23日

做好该做的事

金 辉

秋生先生：

您好！感谢您精彩而感人的点评！尤其是您由此讲到的“口述历史”，精要而生动地揭示了这种文本独特的历史意义和社会价值。

家母写回忆录，也很偶然。那是家父去世后，老太太很悲伤，日子突然变得孤独而失落，我就想着应该想办法给老人家“找点事做”。那天她无意中念叨起报纸上说的可以出版自传，我一想，这个好，马上就鼓励妈妈自己也写。但是她一辈子忙于行医，到八九十岁时家里还是患者盈门，除了开药方和给我写信，从未见妈妈写过其他文本，所以当时她也觉得自己写不了自传。我说，您一生的经历特别丰富生动，非常值得写。又说，写自传其实没什么，您就当是给我写信，不用管什么文学啊文笔啊那些东西，就像给我们说当年的故事一样娓娓道来就行了，您一定能写好，肯定会很有意思的。我给妈妈拿了一个本子，大致按照她的人生经历分成时段，让她想起哪件事就先在相应的页码上记一笔，写的过程中想起后面的事也这样顺便记一下，逐渐地每个章节的内容就会越想越多。就这样，老太太九十二岁那年开始写，一年多里写出了这么十来万字。老太太说，真是奇怪啊，好多几十年都没再想过的事儿，拿起笔一写，它们自己就都出来了。

母亲写成一部分，大姐就拿到附近的印社电脑录入后传给我，我随手校对编辑一下。到最后，再附上网络查阅的资料和照片，合成而轻印刷。看到样书，老太太特别高兴，索要的人也很多，这几年还加印了好多次。几位朋友看了受到启发，鼓励他们的父母也写自传，写好印出之后，老人自己时常翻阅，送给亲朋好友，都感觉很好。

我当时主要还是从老人晚年生活更充实的角度鼓励家母写自传。吴稼祥先生看了之后很是赞赏，还帮着联系出版，一再说应该拍成影视作品。书名《绿梳子》，就出自他的提议。而您又从“口述历史”的角度解读与深化。您所言极是：“每个人的历史都是一部现代史，当这样的回忆录达到一定的数量后，历史才会以真实生动的面貌呈现在我们面前。每个家庭都有前辈，这些前辈的回忆都有可能包含重要的历史信息。”可惜的是，人生一世，“多数人都没有留下该留下的东西”——诚哉斯言、痛哉斯言！

期待更多的长者亲身参与“口述历史”，这不仅会使晚年生活更有意思，也不仅是为亲友留下念想，更在于每个人的人生经历和经验、生命体验和思考，都自有其独特的、不可替代的价值。若之付诸观念文字及音像，即为历史之丰富，即为文化之积累。盈缩之期，不但在天；文化之益，是谓永年。

还要感谢您提示的母亲对我的影响。说来惭愧，母亲和父亲青少年时代遭逢乱世，还那么勤奋好学，并学有所成；而到了我这里，不仅学历不及父母，更在于学习精神上的差距。父母年轻时学习能力皆之超强，用现在的话说都是“学霸”。2016年，北京一位〇〇后的中学生徐雅飞同学，看了《绿梳子》之后，利用参加暑期纪录片夏令营的时机，专门到唐山为老太太摄制了一部短纪录片，题目就叫《学霸太奶奶》。母亲的学习精神一直持续到晚年高龄，她本行西医，到七八十岁又开始学中医，后来再为患者诊治，则经常号脉开方子。如今年近期颐，思维多少有些衰退，比如时常叫错保姆的名字，但只要一把脉，立刻垂目凝神进入状态……家父当年也是，到八九十岁还终日沉浸于数学天地。记得鲐背之龄的父亲曾对我说：脑子其实越用越灵，好几个多少年都没想通的大题目，最近竟然接连突破，非常有意思！可惜当时我未能具体询问请教。直到父亲去世的第二天，翻阅他的数学手稿，我才突然看懂了其中的一则“组合幻方法”，从方法论上明白了父亲总结出的破解自然数幻方的规律。高寿的双亲实则始终都在启导我：人生漫漫毕竟岁月有限，应该集中心力做好一件事；而专注一生的持之以恒，即之为心性纯化和灵性提升的“止于至善”。

所以说，母亲和父亲对我的最大影响，是在做人上，在心性上。父母不仅给了我生命，更让我终于明白了生命。故为人一世，使命当在：为天地立心。

2012年9月8日，93岁。（听说我要回家，这天一早，妈妈便写了本书开头的那封信；我到家后，给妈妈拍了这张照片。）

读这本自传，除了天然亲和力，还有更深的触动。我虽然一直从事写作，但是这样的文字，自忖却写不来。母亲笔下，完全是真情流露，那么自然本朴，时常随口一句，就直抵心坎。她一辈子没怎么写过东西，身边也没有日记书信等任何个人资料，到九十多岁竟然落笔成章，确实令人惊佩。而青少年时期的亲身经历，包括众多人名和大量细节，经过了七八十年，都还历历在心。

母亲的漫长一生，就是用心生活的结晶。真心面对一切，自得心真之果。母亲不仅继承了外公的学养与儒风，和外婆的善良与勤苦，即使儿时在那个封建大家庭中的诸多凌辱，也没留下什么阴影，反而强化了她的同情心和自强志。那是一个东西方文化尖锐对立的时代，还有那么多彼此矛盾的社会场景，最终却都成为她大爱之情与真诚之心的塑造和付出。传统文化的仁义与诚信，五四一代的独立与自由，教会学校的博爱与无我，西式高等教育的严谨与认真，现代医学对生命的尊重与平等，直到中华人民共和国成立后的为人民服务和救死扶伤、实行革命的人道主义，乃至刻骨铭心的爱情，以及一路走来那么多萍水相逢又难以忘怀的温暖与扶助，都统一凝聚为母亲一生的一以贯之：做一个好医生，回报所有人。

母亲坎坷而丰富的世纪人生，又像她写完自传之后对我说的那句话：

妈仅是一个医生，做了一些该做的事。

做好该做的事，既是母亲一生的写照，也是老人家给我的真心教诲。

做好该做的事，不负父母之恩，不辱人生使命。

代跋

岁月细梳　余韵久长

陈礼荣（《荆州日报》原主任编辑）

金辉同志：

令堂大人的回忆录，写得太好了！令人惊叹称绝，以致手难释卷，几不能寐。

我读《绿梳子》，感慨良深……这么多年来，我读的书若以部（册）而论，每年均为上百，但像这样投入地逐字逐句细细品赏，还是很少见的。

《绿梳子》写得最扣动人心的，还是令堂大人对那个大家庭内部关系的叙述——此即当下议论最多的所谓“原生态家庭”。我个人体会，她后来一生的自强不息，跟这种人生际遇关系极大。

您的母亲如此高龄能够亲笔写回忆录，对敝地而言，无疑是乡邦文化建设的一件大好事；至少，作为亲历亲见者，她对民国时期的乡邦风物，能够保留下一份珍贵的遗存。

从尊父母身上，我也真切地感受到“惟楚有才，于斯为盛”的神奇魅力。您父母双亲的老家虽为弹丸之地，直至解放初期城区面积亦仅只2.7平方公里，但自古以来，确实名家辈出。早先，并不知道您的父母，真是失敬；原中共上海市委宣传部长、我国当代“学贯中西”的著名学者王元化先生因缘与之于1998年结缘，十年中我四度赴沪，即写过了王、桂（其母家系）两家四代人的文章。

可惜令尊大人无回忆录传世。依我看，金家在敝地也是老门老户，且忠厚传家。再说，《绿梳子》中出现的令尊大人，绝对是民国年间优等“高富帅”的典范，他既稳重、聪颖，又通达、善良……至今看来，似亦无人能比。美中不足的是，书中关于金家所描述的笔墨就显得太少了。

至于令堂大人的父亲宝常公，我觉得他就是个纯粹的中国文化人，也可以说是中国优秀传统文化在近现代时期的杰出代表和优秀践行者；他的人生悲剧，是那一代人不可避免的宿命。今天，我们来重拾这个话题，就是试图从中华优秀传统文化的传递、承接与发扬这个特定角度来予以切入与展开，以期能让世代相传的华夏文明，在新时期焕发出愈加绚丽的光彩。

我总想，一代人有一代人的承载。我们父兄那一代人承受的苦难过于深重，故如果有可能，应尽量地使这些亲身经历者的回忆性文字或者口述实录等流传后世。我之所以如此看重令堂大人的《绿梳子》，也可以说是完全出于这一点。老人家百岁高龄，世称“人瑞”；她能有亲笔回忆录问世，堪称人间罕见，也是一大幸事。您协助母亲做好这件事，功莫大焉、善莫大焉！所以我衷心希望把这本书出好——这不仅是一家一姓之事，而且是这一代国人的大事。

总之，我深深地为故乡游子、也就是如您父母这样一些为着祖国的建设及事业的发展而离乡远去外地的诸多沙市人深感骄傲！我有责任、有义务让这些乡邦前贤的故事传下去，让子孙后代在这些故事的激励下，把家乡建设得更加美好！

我研究李宝常先生三十余年，对他的生平仍所知相当有限。他去世后，收入断了来源，家人的生活一时间便陷入绝境，其最困难时，即是将家里的所有字画书籍摆在竹床上论斤卖，而将那些留下来本当视若珙璧的书札信函全部用来生了炉火……2012年我去成都，曾花了大半天时间特意到遇仙桥古玩市场转了又转，重点考察书法作品及民国出版物，均一无所获；而网师园老照片在苏州出现，毋宁说是上苍对这位“荆楚名士”的特殊眷顾。从这个意义上讲，老太太活到一百岁，又有《绿梳子》的问世……那么，这一切均为天意、是老天要让宝常公的一切均借这位存世孤女之手，再现于眼下这十丈红尘之中！这，正好与他遽捐馆舍的时间，相去整整七十年！

我唯一想插嘴的是装帧——书的前面应该放那张令堂和尊外公与张大千昆仲合影的老照片，接下来是老太太百岁时再见幼时影像的画面……庶几如此，《绿梳子》便有了个内在的逻辑。我的理解是这样的：老太太天纵聪颖，未读小学而直接念初中，复以初中毕业而直接考入中正医学院，这都是民国才会发生的奇迹；她作为一位旧社会过来的知识分子，1959年便以自己创造出的工作业绩而参加了中华人民共和国成立十周年大庆的“群英会”，这是国家给她的最高馈赠与奖赏。一转眼，这又过去了一轮甲子。那么，这都是如何形成的呢？私下跟您说：我个人以为还是基因起了决定性的作用，是宝常公和她母亲共同创造出了这个神奇的生命！

2019年六七月间

金辉附记：

2019年6月12日，余和陈礼荣先生通过网络取得联系，此后尝于线上多次就此书进行交谈，为时两旬开外。此文即根据与陈先生在微信中历次笔谈所形成文字内容辑录整理、复经其本人校订补缀而成。谨说明，并致谢！

《绿梳子》能够在家母李长慧百岁寿诞之际出版，还要特别感谢刘炜先生和周红女士的真诚支持和帮助！